SUBJEKTIV TELEPORTATIONSTEKNIK

AND DONT YOU FUCKING FORGET:

Når der er mad skal du æde.
Når der er tid skal du tænke.
Når der er kamp, skal du nådesløst kæmpe.
For livet og lykken tilsmiler den dristige,
den der er Herre i eget hus.
Og når dit øje ser din kvinde.
Den eneste, eneste ene.
Skal du tilbede,
Elske,
Ære,
og Tjene Hende,
Din Gudinde...

Andre bøger skrevet af forfatteren:
Psykopatens Bibel.
Fuck Jehovas vidner. (Engelsk version: Fuck The Jehovas)
Den Sygeste Børnebog- der nogensinde er skrevet.
ALPHAHANFILOSOFI.
Frederik flodhests fantastiske fortælling/- illustreret.
(Udkommer sidst i 2009)

SUBJEKTIV TELEPORTATIONSTEKNIK

Skrevet af: Kasper. L.S. Knudsen.

Denne bog dedikeres til KVINDEN...

Fristende fascination af Disney-øjne,
Og listigt lokkende CocaCola-kurver.
Dit smil og stemme, er vildt og dog mild-
Solopgangens Solsikke der blomstrer,
Og spinder kælent som en Kat.
Din karisma kaster kærtegnende månestråler,
Når du dig sensuelt bevæger, vugger, vrikker og sniger,
Som en Sexet Tiger, dødeligt forførende,
Ved håb om blåt fuldmåneskærs mistelten.

Beundrer diskret på afstand din underskønne skabning.
Forguder, tilbeder og længes,
Under selvhengivende trængsel,
Efter foreningen med dit højerestående væsen,
I romantisk kærlighed og fuldkomment begær.

Til dit dyrebare hjerte gør jeg kurmageri,
Lystfyldte Drømme og udsøgt Fantasi,
Sandhedens hyldest som elskovspoesi.

Du mest Forførende af dem alle ...
Hvordan kunne undgå at falde?

© 2009 – Kasper L. S. Knudsen
Forlag: Books on Demand GmbH, København, Danmark
Fremstilling: Books on Demand GmbH, Norderstedt, Tyskland
Bogen er fremstillet efter on-Demand-proces

ISBN 978-87-7691-409-7

INDHOLDSFORTEGNELSE:

Intet storslået er nogensinde opnået undtagen af de,
der vovede at tro, at noget i dem selv var omstændighederne
overlegen.
(Bruce Barton.)

Er menneskets hjerne først udvidet med en ny ide, går den
aldrig tilbage til dens oprindelige tilstand.
(Oliver Wendell Holmes.)

Kapitel 1: *Første Rafaels Bog: Demiurg og Kvantemekanik.*

Konformitet og dogmatisme: heller ikke videnskaben kan sige sig fri.
Jorden er rund, siger man verdensklogt i folkemunde.
Det er en passende analogi til den klassiske naturvidenskabs verdensopfattelse, og det forenklede verdensbillede som samlebåndsmennesket indoktrineres.
Jorden er oval, er en præcisering, som er en passende analogi til hvad den moderne fysiks verdensbillede er.

Der foregår til stadighed en diskussion omkring selve defineringen af hvad "videnskabelighed" er; det er ikke en fast og entydig størrelse, da videnskabens forudsætning er et filosofisk grundlag der ikke er specielt fast.

Kriteriet er dermed mere end noget andet pragmatisk: anvendelighed. Dermed bliver videnskaberne blot et intellektuelt redskab til systematiseringen af vores erfaringer; og formålet med ethvert redskab er naturligvis at forbedre brugerens handlemuligheder.

Videnskabelige teoretiseringer er således ikke beskrivelser af en objektiv virkelighed, men et sæt rammer og præmisser for slutningsregler der muliggør overgangen fra vedtagne basissætninger, der ofte er ubekræftede og blot antages, til nye observationsudsagn.

Videnskabelige teoretiseringer er altså ikke udsagn om noget endegyldigt sandt eller falsk; det er regler og definitioner der muliggør en fælles begrebslig beskrivelse af fænomener.

De teoretiske størrelser der indgår i videnskabens teorier som for eksempel elektroner, gener, og molekylestrukturer, er på ingen måde en del af virkeligheden, men er simpelthen nyttige fiktive mentale konstruktioner, hvis formål er at organisere og konkretisere erfaringerne på en hensigtsmæssig måde.

Den videnskabelige forskningsrutine er altså et system af procedurer, der grundlæggende hviler på antagelser der ikke er endegyldige eller absolutte, men blot forudsættes. I den daglige forskningsrutine skænker man naturligvis ikke dette nogen tanke, men det er ikke ensbetydende med at problematikken ikke eksisterer.

At denne problematik på det fundamentale plan eksisterer, betyder heller ikke den hovedløse forkastelse af den klassiske naturvidenskabelig metode og den mekaniske modelanskuelse, disse er fuldt ud gyldige indenfor eget erkendelsesmæssige område.

Virkeligheden er imidlertid lagdelt i forskellige niveauer, på hvilke der fungerer forskellige spilleregler- eller netop ikke -, og det ene niveau står ikke nødvendigvis i strengt reduktionistisk forhold til det andet.

Det var Einsteins fortjeneste at relativiteten på det fysiske plan blev afdækket; han reviderede naturlovenes specificering indefra, ud fra denne erkendelse. Et nyt niveau tonede frem som andre brugte som springbræt til det kvantemekaniske plan og den eksperimentelle bekræftelse af det antropiske princip.

Relativitetsteoriens grundlag er at kun relativ bevægelse betyder noget. Naturlovene skal således være udformet på samme måde for alle frit bevægede observatører som hver har sit eget tidsmål: det er dermed ikke observatøren der bevæger sig igennem rummet og tiden: men rummet og tiden der former sig omkring observatøren.

Dermed forårsagede Einstein et paradigmeskift på to afgørende punkter i den strengt klassiske naturvidenskab der blev anset som absolutter: nemlig princippet om den absolutte eller universelle tid, samt æterteoriens absolutte hvile.

Einsteins almene relativitetsteori forvandlede opfattelsen af rum og tid fra at være en inaktiv og passiv baggrund i hvilken begivenheder blot udspiller sig og finder sted, til at være en aktiv og dynamisk medspiller i universets funktionsmåde.

Einsteins relativitetsteori der fastslår at en tids og længdeforkortning finder sted når man bevæger sig igennem rummet: er således et faktum.

At det er komplet umuligt for det almindelige menneske at bevise i sin dagligdag, fordi forkortningen er så lille at den ikke kan konstateres på hverdagsplanet; betyder IKKE at den ikke forekommer: det betyder blot at den er så lille, at den ikke gør nogen afgørende forskel på det plan vi til hverdag bevæger og befinder os i.

Pointen er, at niveauerne, såvel som problematikkerne omkring deres indbyrdes modstrid i kausale sammenhænge, er særdeles reel; om end dette ikke til hverdag spiller nogen rolle for os.

Båden niveauerne og spillereglerne har mennesket igennem historien med forskellige analytiske tilgange forsøgt at formulere en forståelse af.

Først igennem den direkte religiøse oplevelse og skabelse af disse, der siden degenererer til den indirekte filosofiske spekulation, som til sidst stivner fuldstændigt i den rigide klassiske naturvidenskab, der anser alt for at være strengt deterministisk.

Mennesket har det imidlertid med ikke at stoppe mens legen er god. Også sammenbruddet af den klassiske naturvidenskabs paradigme var derfor uundgåeligt, og den moderne fysik er reelt set en teknologisk muliggjort regression til erkendelsen af den oprindelige menneskelige og præ-dualistiske verdensforståelse: at mennesket skaber verden.

Der er således tre grundlæggende niveauer for forståelse som et menneske må søge at opnå indsigt på.

Den klassiske naturvidenskabs niveau beskriver HVAD virkelighed og verden forekommer os at være, uanset hvem der iagttager den; det er forståelsen af at den fælles virkelighed der er fysisk substantiel og overvejende kausaltdetermineret, er det som en følge af dens fælles begrebsramme igennem konsensus.

Den moderne naturvidenskabs niveau beskriver HVORDAN observatøren interagerer med det han observerer: det er forståelsen af at der på virkelighedens fundamentale plan ikke er nogen objektiv virkelighed, og ingen fysiske absolutter; der er kun kollaberende bølgefunktioner, hvis egenskaber tildeles dem ved selve observationsprocessen, gennem tendens.

Det overnaturlige beskriver HVORFOR verden manifesterer sig som observatør og det observerede, gennem hjernen der kategoriserer det udifferentierede i en begrebsverden ud fra biologiske driftsmotiveringer, og dermed skaber verden: det er en symbiotisk komplementærmodel.

I hverdagen er lovmæssighederne som den klassiske naturvidenskab definerer dem den overlegne model til prognosticering, når vi skal beherske den fælles virkelighed.

Når vi vil vide hvordan den " ydre fysiske" virkelighed opstår og hvordan tingene virker, er den moderne naturvidenskab den bedst egnede som beskrivelsesmodel.

Når vi vil beskæftige os med hvorfor den "indre psykologiske" virkelighed fungerer, og dermed hjernen, er den overnaturlige beskrivelse af hvorfor mennesket konstruerer en verdensmodel den mest funktionelle.

Skellet imellem den "naturlige" og "overnaturlige" verden ligger altså ved vores fælles kausale begrebsverden.

Hvor vores fælles kausale begrebsverden må give op i beskrivelsen af fænomener taler vi om det overnaturlige.

Vores fælles naturlige og "fysiske" begrebsverden bygger på fænomener der udelukkende fungerer ud fra det kausale princip om årsag og virkning; den overnaturlige fungerer ud fra det associative og ikke-kausale princip.

I den moderne fysik får vi et indblik i denne overnaturlige verdens principielle funktionsmåde; den moderne fysik er således det "fysiske" skumringstimens grænseland imellem det naturlige og det overnaturlige: her ser vi det associative princip i aktion som det primære i stedet for det kausale.

På kvanteplanet er de kontinuerte skalaer således udskiftet med de diskontinuerte, determinismen må erstattes med indeterminismen.

Tidens fremadrettede strøm brydes af elementarpartikler der bevæger sig baglæns i tid, og det kausale plans princip om lokalisation overtrædes af den uartige elektron der befinder sig to steder på en gang; og hvor mange steder den uartige elektron egentlig befinder sig på, på en gang, det har man ingen anelse om: den anskuelse at der er et uendeligt antal elektroner i universet er lige så gyldig som den anskuelse at der kun findes en enkelt, der er alle steder på en gang.

Effekter udbreder sig hurtigere end med lysets hastighed ved ikke-lokale tilstande, og kvanten forsvinder uforudsigeligt og uden årsag et sted, og dukker op et andet som det passer den, uden at tilbagelægge nogen afstand i rummet.

På kvanteplanet er det associative princip det fundamentale, og ikke det kausale, og dermed er den moderne fysiks verdensbeskrivelse et indirekte indblik i den overnaturlige fænomenologis funktionsmåder og principper: i virkelighedens grundvold.

Materiens fundament er imploderende/ kollaberende felter af bølgemekaniske sandsynligheder, en udifferentieret formel der fortolkes af sanseapparatet og formidles til bevidstheden, i en komplementær cyklus af symbiotisk interaktion imellem observatøren og det observerede, og grænsen mellem det vi forårsager og det vi observerer, er på det subatomare plan dermed udvisket: selve iagttagelsesprocessen er blevet den determinerende handling.
Fænomenet selv, og beskrivelsen af fænomenet er en og samme ting.

Vores psykologiske forestillingsverden er dermed ikke en afspejling eller et passivt fotografi af en ydre objektiv virkelighed; den ydre objektive virkelighed er en afspejling af vores aktive sansning og tilvejebringelse af verdensmodellen igennem hjernens kognitive kategorisering.
I sproget er det paradokserne, de uløselige gåder og koaner, der er dette grænseland, og rent "psykologisk" har vi fantasien som vindue.

Findes der ud over vinduer: mon også en dør?

Svaret er at det gør der; faktisk findes der flere, men den der tilsigtes at åbnes for læseren er Drømmedøren.
Virkeligheden er en fælles drøm som vi drømmer: det fundamentale ved virkeligheden er således ikke partikler men oplevelse: ikke fysisk stof men psykodynamik.
Verden er ikke fundamentalt set en fængselscelle, men et redskab; og der er ikke kun en verden; men flere, og den vi til hverdag oplever ER kun overfladen.
Drømmedøren er i første omgang billetten til oplevelsen af en subjektiv funderet verdensmodel: man frembringer en subjektiv verdensmodel som man oplever igennem de samme kognitive hjernemodaliteter som frembringer oplevelsen og perceptionen af den fælles "virkelighed."
Den fange,(i fængsel eller fanget i den meningsløse normalitets hverdag) der i netop dette øjeblik læser dette må gøre sig en ting klart: målet er ikke at bryde ud fra det fysiske fængsel som han sidder indespærret i netop nu,

de fire vægge og vinduet med tremmerne for; men det store fængsel, den virkelighed man igennem socialiseringsprocessen er blevet påtvunget med de fælles kommunikative begrebers hæmning af det kognitive apparat.

Det er ikke mursten du skal grave dig igennem for at blive fri: men indoktrinerede kognitive blokeringer.

Dette er noget som kræver tid og prioritering og afsondrethed væk fra fællesskabets konsensus der opretholder og forstærker blokeringerne. Heldigvis befinder du dig i en position hvor dette nemt kan foranstaltes. Dermed bliver din celle dit adytium; ikke en fængselscelle: men en munkecelle; ikke en indespærring: men et springbræt til udforskningen af sindet: og dermed virkeligheden og verdenernes struktur.

Lad os starte med begyndelsen…

1 Mosebog 1:3.
Da sagde Lucifer: „lad der blive lys. Så blev der lys.“

Elektrokemiske impulser når hjernen via sensoriske neuroner. Sanseindtrykkene bliver organiseret og integreret, derefter behandlet og tolket gennem perceptionens kognitive processer.

Lys og lyd skyller ind over vores sind, og begrebet bevidsthed defineres bedst som summen af disse elektrokemiske impulser og den kategorisering som hjernen ordner dem ved igennem perceptionen, som i høj grad farver billedet ud fra forventning og tidligere erfaring.

Dermed kan sansning og oplevelse mere end noget andet defineres som en aktiv proces.

Ved de fluktuationer i lysintensiteten som vi kalder konturer danner hjernen et rumperspektiv, i hvilket de flader som konturerne omslutter og afgrænser klassificeres som objekt og baggrund.

Ud fra tidsperspektivet vurderes objekternes forandring over tid, og hvor forandringen er forholdsvis begrænset i et tidsforløb, som for eksempel ved skift af synsvinkel, da identificeres det som en genstand som hjernen relaterer til andre elementer med identiteten genstand i de tre rumlige dimensioner, og blandt andet et dybdeperspektiv opstår derved.

Vores legeme er et objekt blandt andre genstande, men som samtidig udstyret med en egenidentitet, en opfattelse af at det er "mig", da det er

igennem denne "mig", at man sanser den ydre verden samt påvirker den
ved at bevæge genstandene i rummet. Andre objekter der ligeledes har
denne evne til at bevæge genstande i rumperspektivet opfatter vi som
"levende" i mere eller mindre grad, alt efter hvor kompleks deres
bevægelsesadfærd samt kommunikationsevne er.

Er der sammenfald i typografi, dvs. "ligner" objektet vores egen "mig"
kategori, da identificeres det ligeledes som et menneske.

I det hele taget er hjernen på det fundamentale plan en mønsterdanner,
igennem underbevidsthedens associative kognition dannes
sanseoplevelsen.

Der er seks fundamentale forhold der associeres ud fra i denne
forbindelse: ligheder i betydning, modsætningsforhold, forskellige former
for samhørighed, fælles egenskaber, årsag og virkning, samt føromtalte
typografiske sammenkædning ved sammenligning af fænomen og
prototype.

Ud fra disse fundamentale og i stigende grad komplekse associationer
dannes verdensmodellens kausale anskuelsesform af dualisme, af "mig" og
omgivelser.

Denne kausal-dualistiske anskuelsesform er så fundamental, at det
forekommer de fleste mennesker ganske absurd at virkeligheden skulle
kunne erfares på nogen anden måde: de er entydigt perspektivbundne, i
forhold til den forventede fænomenologis fremtrædelsesform og
kategorisering ud fra kausale principper.

Kausalitet er imidlertid et forhold der på ingen måde kan bevises
eksperimentelt; det er udelukkende et psykodynamisk redskab til
kategorisering af oplevelse og fortolkning af sanseindtryk, ganske ligesom
tiden og rummet, substansen og identiteten, hvilket vi blot ikke er os selv
bevidst til hverdag.

Sprogets opbygning og begreber udspringer af disse universelle
anskuelsesformer som kategorierne er.
Således betegner substantiverne objekter, hvis egenskaber adjektiverne
karakteriserer; verberne udtrykker tidsforholdet; grammatik og syntaks er
reglerne for ordbøjning og sætningsopbygning som definerer mening
igennem indbyrdes relation; fonologien er reglerne for sproglydene der har

et følelsesmæssigt præg og til dels er betinget af det sprogsamfund og den kultur som sproget tales i.

Nervesystemet er udviklet til at sikre den rette produktion og hæmning af disse sproglige træk, og de har dermed en konkret fysisk og psykisk realitet, og disse strukturelle principper er ubevidste og automatiserede.

Igennem sproget formulerer vi altså den grundlæggende kausalt-dualistiske verdensanskuelse, ja, faktisk skaber vi verden igennem vores sprog, og et sprog der har et kausalt-dualistisk teoretisk fundament vil således skabe en sådan verdensoplevelse for det eller de individer der benytter sig af dette.

Aristoteles formulerede sin sprogfilosofi i en logik der beskriver forholdet imellem subjekt, objekt, og prædikat.
Et udsagn er her altid grundlæggende en påstand om at et objekt har en egenskab.

Indenfor positivismen betragtes et udsagn der ikke har denne subjekt-objekt-prædikat struktur i videste forstand som meningsløs, ligesom det samme gælder for en påstand hvor det ikke empirisk kan bekræftes eller falsificeres at prædikatet tilhører subjektet.

Alt hvad der ikke kan udtrykkes indenfor sprogets begrebsmæssige begrænsninger stemples dermed som meningsløst volapyk, og dermed irrationelt.

Alt der ikke er sprogligt funderet, inklusive følelserne, bliver hermed per definition irrationelt, da det ikke logisk kan defineres. Dette repræsenterer således samtidig en diskrimination imod alt som ikke lader sig formulere i en begrebsmæssig beskrivelse der kan kommunikeres; specielt ud fra de kausalt-dualistiske subjekt-objekt-termer.

Her bryder sproget sammen som fælles beskrivelse: og dermed den fælles virkelighed, da beskrivelsen af et fænomen: ER fænomenet selv.

Frem toner den subjektive virkelighedsoplevelse, ved dette konsensuskollaps, hvis det er omfattende nok i karakter.

Enhver model er funderet på differentiering; hvilket betyder komplementære modsætningsforhold der er lige gyldige men indbyrdes modstridende; enhver models fundament er således paradokserne og det paradoksale, hvilket i sproget netop repræsenterer et sammenbrud i den fælles kommunikative begrebsramme for erkendelse.

Den erkendelse eller differentiationsdynamik der ligger til grund for det paradoksale, på hvilket verden er funderet, lader sig således ikke sprogligt beskrive udtømmende, men indenfor det normale sprogs logiske og begrebsmæssige rammer kan man forsøge indirekte at nærme sig den oprindelige erkendelse af det paradoksale; en reel forståelse er dog kun mulig igennem personlig oplevelse.

På sin vis har idealismens klassificering af fænomener i ideelle begrebstypologier samme formål; at finde, beskrive og karakterisere, den dynamiks konstitution som selve fænomenerne er variationer over, forårsaget af konteksten de opleves i eller fremstår af.

Naturvidenskaben der har et materialistisk udgangspunkt forsøger at opnå erkendelse på modsatte måde; deres ambition er hvordan den psykologiske erfaringsmodel bliver en så præcis som muligt refleksion af den fysiske, som den uden videre antager, har eksistens uafhængigt af den psykologiske.

Den subjektive opfattelse og oplevelse bliver dermed en afgørende problematik.

Hvorfor er der forskel på forskellige observatørers opfattelse af den ydre objektive verden, hvis dens eksistens er fysisk uafhængigt af den der observerer den?

Problematikken har flere mulige indfaldsvinkler.

Den filosofiske er at sanserne bedrager os, og at vi derfor ingenting konkret kan vide; er vi religiøse kan vi rationalisere en bedragerisk ekstern Gud der skaber verden for os som en illusion der varierer med individet der oplever den, og Guds formål med ham og hans liv.

Materialismens svar er at klassificere nogle sansninger mere pålidelige, mere "objektive" end andre, hvilket dermed gør det nemmere at få konsensus på dem.

Disse mere pålidelige sansninger er målingerne, som er naturvidenskabens fundament.

Målingens større pålidelighed ligger i at det ikke er en subjektiv sansning i traditionel forstand; det er en matematisk målestoksbedømmelse i forhold til en defineret skala af værdi.

Det tal som målingen fremkommer med er fuldstændigt abstrakt i sig selv, ligesom målestoksforholdet er det: men tilsammen plotter det fænomenet ind i et koordinatsystem; det får en værdi der kan bedømmes og kommunikeres med en meget lille fejlmargen.

Målingens styrke ligger i at to plus to altid er fire, og ikke hverken tre eller fem; dens svaghed ligger i at den ikke gør forskel på om der er tale om æbler eller appelsiner eller giraffer.

Målingernes resultater uafhængigt af observatørens beskrivelse af fænomenet, og er altså omtrent så præcise set i et helhedsperspektiv som kvadratroden af en giraf er.

Den ydre verden og objektiviteten er vores naivistiske forestillinger om den sansede verden, som noget der både kan og bør være direkte uafhængigt og væsensforskelligt fra observatøren.

Det er en fordom der kun tillader os at erkende det kvantificerbare, da kun objektiviteten og dualismen bekræfter dette.

Er videnskabsmændene da teoretiserende statistikere der for at validere deres teorier om øget sygelighed i samtiden tager deres stikprøver på et hospital under den erkendelsesfilosofiske analogi til en tyfusepidemi? Spørgsmålet vil for en enhver positivist være meningsløst: da det ikke kan hverken be- eller afkræftes.

Hvor naivistisk og diskriminerende positivistens præmisser end er rent erkendelsesmæssigt for den subjektive oplevelse, så er der på deres videnskabelige metode til at reducere verdensmodellens forhold til kvantiteter, blevet systematiseret til en prognostisk evne, der har vist sig utroligt effektiv i kausal verdensbeherskelse.

Den eneste meningsfulde definition på et kriterium for virkelighed og sandhed, er: at modellen vi benytter virker; at den leverer resultater i form af en evne til igennem tolkningen af et fænomen at prognosticere tolkningen af fremtidige fænomener.

Verdensmodellen er et puslespil vi lægger med henblik på at forstå, forudsige og beherske; at vi klipper i brikkerne for at få dem til at passe er udenfor enhver tvivl; i hvor høj grad ved vi ikke, men det er i sidste ende også ligegyldigt så længe puslespillet går op.

Om der eksisterer noget eller ej udover det billede vi har skabt med brikkerne er ligegyldigt; det er endda meningsløst at stille det spørgsmål da det ligger udenfor det erfaringsområde som vores verdensmodel eller puslespilsbillede understøtter.

Men er der mon mere end en måde at klippe brikkerne til på for et menneske? Og er der nogen der i kraft af en større beherskelse af saksen klipper mindre væk, og dermed får et større billede ud af brikkerne: får en større verdensmodel at opleve?

Det ER der, men inden vi selv forsøger os med en stak brikker og saksen, så er der stor erfaring at hente i at lægge det eksisterende puslespils brikker, som en øvelse i at lægge brikkerne ordentligt så de passer.

Det er igen det med de komplementære modeller; at modellerne indenfor deres egne præmisser og rammer fungerer udmærket, men at de alle har en afgrænsning hvor modellens begreber ikke slår til, og her er det så man må skifte model: eller lave sin egen.

At betragte mennesket med materialistisk udgangspunkt som en maskine, har vist sig at være en SÆRDELES funktionel model indenfor dens begrænsninger.

Den biologiske evolution har udstyret dyrene og mennesket med de egenskaber, som har haft relevans for deres overlevelse i naturen og i universet: faktisk eksisterer der ingen egenskaber som ikke fundamentalt har dette formål som sin præmis.

Mennesket adskiller sig fra de andre dyr ved at være i besiddelse en bevidsthed med en helt særlig konstitution. Vores bevidstheds kompleksitet i den verdensskabende proces af iagttagelse og fortolkning er ganske unik, da vi til forskel fra dyrene hver især er udstyret med en selvstændig personlighedskategori, en kompleks evne til tidsperspektivering ved hukommelse og forestillingsevne, kombineret med en uovertruffen kapacitet til fortolkning og mønsterdannelse, og som tilsammen sætter os i stand til at forudsige fremtiden og indrette os på den, såvel som tilpasse den til os: hvilket er henholdsvis videnskab og teknik.

Den vestlige verdens moderne mekaniske modelanskuelse til beherskelsen af virkeligheden er kun en ud af mange. De fleste anskuer andre kulturers modeller og teknikker til verdens og virkelighedsbeherskelse igennem etnocentriske briller; man antager dogmatisk at den vestligt-mekaniske er den eneste der fungerer. At andre folkeslag og kulturer dermed skulle have benyttet sig af en kompliceret og virkningsløs teknik under tusinder års af kultur, er det forklaringsproblem man står tilbage med, for mennesket er mere end noget andet pragmatisk indrettet, og det i højere grad jo længere tilbage i tiden man kommer, jo hårdere kampen for overlevelse har været. At man dermed skulle have brugt store mængder af sit knappe fødevaregrundlag og sine ressourcer til ingen nytte i offergaver til Guder der ikke manifesterede sig som oplevelse, er en fuldstændig absurd påstand.

Man "troede" ikke på Guderne, man OPLEVEDE dem; de havde reel fysisk eksistens og indvirkning på virkeligheden og menneskenes hverdag.

Alle andre forklaringer end denne er absurde, alene med de historiske kilder som vidnesbyrd, medmindre man vil bortforklare det med at alle mennesker før det moderne har været psykotiske.

Det er ikke alene etnocentrisme; men også en dogmatisk og ubegrundet diskrimination imod andre forståelsesmodeller: det er naivistisk, da alle modeller har sine begrænsninger i forhold til de forudsætninger den bygges op på.

På samme måde ville det være en ubegrundet og dogmatisk diskrimination uden videre at forkaste den vestlige og mekaniske modelanskuelses verdensforståelse uden videre, fordi pop-kabbalisme og pop-buddhisme er populært for tiden.

Bedre er det at udforske og følge denne mekaniske modelanskuelse til dens sammenbrud, for også på dette sammenbruddets punkt har den afgørende indsigt at formidle.

Faktisk er det direkte nødvendigt, da denne model er afspejlet i nutidssproget vi benytter, og som jo skaber verden, og for at få en mere fri oplevelse af virkeligheden må man først nedbryde de blokeringer man er blevet indoktrineret, hvilket sker igennem sproget.

At skifte fra en sproglig forståelsesramme til en anden, uden først at nedbryde de allerede eksisterende blokeringer og dogmer, vil være direkte uproduktivt. Man skal kende sit murværk, før man kan genkende de svage punkter, hvor et gennembrud er muligt.

Naturvidenskabsmandens videnskabelige metode er rodfæstet i hans overvejelser omkring objektivitet og substans, og dermed bliver hans fundament eksperimentet med den "præcise" iagttagelse, tolket ud fra den "korrekte" abstrakt kvantitative skala som er en værdimæssig konstant.

Derved kan flere eksperimentatorer fremkomme med samme resultater ved samme procedurer, og forskellige resultater kan sammenholdes i forhold til hinanden.

Derved bliver fænomenet en konstant: det er uforanderligt under bestemte givne forhold.

Dermed er fænomenet reproducerbart under samme givne forhold, under samme procedure.

Når denne konstant er blevet reproduceret et passende antal gange, kan der opstilles en teori om, og en procedure for, hvordan fænomenet kan reproduceres yderligere.

For hver gang dette lykkes styrkes både teori og procedure for fænomenet.

Naturvidenskabsmanden antager ud fra denne bestyrkning den tolkning, at der er en kausal forbindelse imellem forhold, procedure og fænomen.

Han har igennem eksperimentet bekræftet at hver gang han observerer, eller igennem en procedure forårsager, A så sker der B.

Dette tolker han nu som et årsag-virkningsforhold, han antager at A FORÅRSAGER B.

Dette er et rent postulat da intet fænomen uanset dets tidligere reproducerbarhed på nogen som helst måde øger sandsynligheden for at det kan gøres igen, og årsagsforholdet er altså på ingen måde endeligt bevist.

Naturvidenskabsmanden benytter sig altså af den omvendte bevisbyrde nøjagtigt ligesom det danske retssystem gør i narkosager.

Det er ikke naturvidenskabsmanden eller anklageren der skal bevise sit postulat eller sin sag; det er nu i stedet den ud fra teorien anklagede natur, eller med anklageskriftets sigtelse den anklagede person, der skal MODBEVISE teori og beskyldning.

Så længe naturen eller fænomenet ikke modbeviser videnskabsmandens teori går han simpelt hen bare ud fra at den er korrekt, uanset at det på ingen måde er bevist.

På samme måde går politiet, anklageren, retten, nævningene, medierne, ja hele befolkningen, som en selvfølgelighed ud fra at den anklagede er skyldig når nu den bedrevidende "autoritet" har valgt at tiltale, for de ved vel for Fanden hvad det er de foretager sig, og siden den anklagede ikke kan modbevise dette, så må han jo ganske bestemt være skyldig.

Den omvendte bevisbyrde hvor ting antages fordi de ikke kan modbevises trives i bedste velgående således indenfor alt; fra vores fordomsfulde antagelse i hverdagen om at tyngdekraften ikke pludseligt svigter, til naturvidenskabsmandens ubekræftede teoretisering på baggrund af postulater der ikke er bevist; til retssystemets domsafsigelse på ubekræftede anklager der blot antages at være korrekte, da de ikke modbevises af den anklagede.

Det er fordomsfuldt; men fordomme tillader os at handle ud fra en generalisering der oftest er korrekt, ud fra vores egne kriterier. For naturvidenskabsmanden betyder det at de erkendelsesmæssige problemstillinger omkring kausalitet, objektivitet, tid, rum, substans, simpelthen ikke eksisterer i og med at de er blevet inkorporeret i selve den videnskabelige metodes forudsætninger. Selve begreberne er ikke defineret entydigt videnskabeligt; de indgår simpelthen som dogmatiske konstanter i definitionen på hvad der er "videnskabeligt" og ikke; det er en cirkelslutning i og med at argument og konklusion forudsætter og validerer hinanden.

Netop det at han på denne måde så fuldstændigt vælger at overse de erkendelsesmæssige problematikker i de begreber han funderer sin videnskab på, er samtidigt det der gør ham i stand til ud fra dets antagne præmisser uforstyrret at teoretisere procedurer der FUNGERER til prognosticering og kontrol; og dette er netop de to eneste kriterier for virkelighed, at den kan opleves i og med at den fungerer.

Man må i hvert fald indrømme naturvidenskabsmanden at han har formået at redegøre for, og teoretisere over fænomener på en måde, der har resulteret i procedurer der har vist sig særdeles effektive.

Men at gå derfra og så til at slutte, at det ikke har, eller er muligt for andre at spille efter andre regler indenfor rammerne af andre systemer, der er funderet på andre vedtagne præmisser som på tilsvarende vis resulterer i procedurer til verdensbeherskelse i form af forståelse og teknik til at prognosticere og kontrollere "virkelighed", altså producere en verdensmodel: det er rent ud sagt dogmatisme, for slet ikke at tale om naivisme.

Første skridt er at sætte sig ud over denne almindeligt forekommende intellektuelt erkendelsesmæssige sygdom.

De sider af naturen der umiddelbart er mest tilgængelige for en kvantificerbar analyse på materialistens præmisser er ligeledes dem, der bliver anset for at være de mest videnskabelige, og af alle disse er den mest videnskabelige videnskab fysikken.

Derfor er materialistens mål også at vise at alle andre videnskabers fundament er rodfæstet i fysikken og kan reduceres dertil. Materialismens princip er altså, at ethvert fænomen, hvor uigennemskueligt det så end er, kan spaltes op i mindre sammensatte fysiske forløb og dele, som så igen kan reduceres, indtil man i regressen når frem til nogle der ikke længere kan reduceres, og disse kalder man så atomer.

Fysikken er den videnskabelige disciplin der behandler atomerne. Atom betyder "udelt, udelelig, individuel" og i lang tid var atomet da også hvad ordet betyder, " at spalte atomet" opstod som en talemåde for noget umuligt.

Naturvidenskabsmanden begynder nu med sin lettere autistiske tilbagetrækning fra de erkendelsesteoretiske problematikker at bygge procedurer og modeller op af disse "atomer" som var de altings legoklodser.

Teorien var at alle ting udsprang fra atomerne, og at tingenes egenskaber er et produkt af atomernes egenskaber; man anser alle ting som udelukkende værende en sammensætning af atomer og at enhver egenskab er en konsekvens af atomernes massevirkning.

Kunne man nu blot finde frem til selve formlen der lod en forstå selve atomet og dets egenskaber, så var alt andet dermed forklaret og ganske forudsigeligt, hvis blot man var i stand til at foretage det massive regnearbejde der ville give altings facit, som ydermere ville være forudsigeligt.

Naturvidenskabsmændene kunne se det hele for sig som en harmonisk dagdrøm, men da de forsøger at sælge ideen til naturen kigger den blot på dem og siger " det er en om´er."

Med Galilei opstod kinetikken som beskæftiger sig med hensyn til legemers masse, deres kraft, og den gensidige indvirkning de har på hinanden.

De fysiske legemers bevægelse under påvirkning af kræfter skulle Newton senere udbygge til dynamikken, og de grundprincipper han teoretiserede har vist sig særdeles anvendelige i den mekaniske verdensforklaring, og har fundet anvendelse i alt fra de mere materialistiske aspekter til de mere abstrakte, som f. eks termodynamik, molekykærdynamik, hydrodynamik, over biodynamik, gruppedynamik, psykodynamik.

Fundamentalt betyder ordet dynamik "kraft", og de dynamiske modeller er således teorier for kraftpåvirkninger; begrebet "kraft" i sig selv har dog samme erkendelsesteoretiske problemer som f. eks "objektivitet", "tid", og "substans", ja "kraft" er måske endda det begreb man har det største og primære erkendelsesteoretiske problem med ikke at kunne definere entydigt og præcist, da ALT der eksisterer, gør det ved en kraft.

Hvorfor der overhovedet er noget, og ikke intet, er således et ubesvaret spørgsmål som hænger nøje sammen med, at begrebet "kraft" eller "energi" fundamentalt set er udefinerligt som andet end bølgemekanik af sandsynlighed og potentialitet der kollaberer til konkret defineret eksistens af fænomener. Det er mønstrene, invarianserne, i kollaberingens fænomener som man så teoretiserer over.

Indenfor naturvidenskaben handler dynamikken om atomernes eller massepunkternes bevægelse.

Massepunkternes bevægelse udgør hele det dynamiske univers.

Et massepunkt defineres som et legeme uden udstrækning som er i besiddelse af en endelig masse; en analogi for dette kunne være en giraf på syv tons som ikke er nogen steder, i og med at den ingen udstrækning har. "Kom og se giraffen" er altså udelukket.

Årsagen til at massepunkterne bevæger sig forklares med, at de på et eller andet tidspunkt har været under påvirkningen af en "kraft."
Definitionen på en "kraft" er det som påvirker et legeme til at bevæges.
HVABEHAR?!
Cirkelslutning og en hel masse "hvordan", uden et eneste "hvorfor."
Og paradoksale cirkelslutninger hvor argumenter og konklusioner er ens, er der nok at tage af.

En begivenhed er for eksempel defineret som et punkt i rumtiden specificeret ved tid og sted.

Rumtiden defineres som det firedimensionale abstrakte rum hvis punkter er begivenheder.
Men som bekendt er giraffen et underligt dyr
   Videnskabsmanden som er naturvidenskabens svar på en zoolog kan naturligvis udtrykke sig langt mere præcist og uddybende:
En giraf der sidder i et træ har potentiel energi, hvilket skyldes, at den potentielt set kan bevæge sig ved at falde ned. Når giraffen falder og dermed bevæger sig, så bliver denne potentielle energi omdannet til bevægelsesenergi; og dette er forklaringen på hvorfor giraffen bevæger sig.
Forklaring?
Eller beskrivelse?
   På fysikkens savanne har man kemisk energi, elektrisk energi, atomenergi, bioenergi, brintenergi, fusionsenergi, solenergi, vandenergi, vindenergi, og den zoologiske videnskabsmand har en beskrivende huskeremse for dem alle.

   Problemet er at "hvorfor" aldrig kan forklares tilbundsgående, og derfor er man gået over til "hvordan" som er en smule nemmere, men som "hvad" dog straks kanøfler da det er "hvorfor"'s fætter.

Ikke desto mindre virker huskeremserne.
   Et gammeldags vækkeur fungerer på elastisk energi, ligesom også den mere moderne clockradio der drives af elektroner fungerer udmærket, selv om elektronerne slet ikke eksisterer i nogen traditionel fysisk forstand af ordet, og lad os slet ikke begynde med fjernsynet der er ren magi, i og med at ingen kan producere en visuel forklaringsmodel af hvordan radiobølger kan udbrede sig uden et medium i det tomme rums ingenting.

   De fleste af de erkendelsesteoretiske aksiomer som blev indført med den videnskabelige metodes opståen var oprindeligt teleologisk begrundet.
Gud havde trukket uret op for menneskene, som nu blot skulle udforske og forklare dets mekanismer.
Frem blomstrede inertiens lov, tyngdeloven, årsagsprincippet formuleret som aktion og reaktion.

Med termodynamikken fik vi det entropiske univers, der dikterer, at verdensuret er af den gammeldags slags der kører på elastisk energi i optrukne fjedre der langsomt vil slappes og løbe ud.

Disse substansens aktører og den scene de udspillede sig på- massepunkterne, rummet og tiden- alt var et teaterstykke med netop den handling og de egenskaber som det var meningen de skulle besidde, for at den guddommelige komedie udspillede sig som Gud ønskede sig.

Gud HAVDE altså allerede trukket uret op ved skabelsesberetningen og var som bekendt efterfølgende faldet i søvn på vagten; derfor drog man den konklusion, at han var enhver verdensforklaring og ethvert menneskeligt forehavende uvedkommende.

Medmindre selvfølgelig at man fandt en uforklarlig inkonsistens i en videnskabelig forklaringsmodel. Så var han jo god nok at have i baghånden som en deistisk-ateistisk-ad hoc horeunge.

Både elektriciteten og magnetismen repræsenterede således ikke noget større problem for de zoologiske videnskabsmænd at forklare; den elektriske strøm var jo blot at ligne som en flydende strøm i vand. Ved opdagelsen af det elektro-magnetiske felt krakelerede deres zoologiske klassificeringer fuldstændigt uden varsel, da man nu stod overfor en besynderlig horeunge imellem to fænomener, der hver især udmærket lod sig forklare, men i deres symbiose var helt udenfor alle klassifikationernes principper.

Her havde man hverken en elefant eller en giraf, men en eleraf, og DET gik jo virkelig ikke.

Den elektromagnetiske Eleraf repræsenterede en påvirkning af noget uden et medium, som en bølge der breder sig i vand uden at tage hensyn til at der slet ikke er noget vand, og derfor er radiobølgerne der driver fjernsynet magi; det er et fænomen der er udenfor forklaring med sproget og vores kausalt-dualistiske begreber.

Den grundlæggende verdensforklaring rodfæstet i kinetikken stod for fald, og frem trak man straks hovmodigt den deistisk-ateistiske ad hoc horeunge, og hypotetiserede en æterteori som et sidste øjebliks "Hail Mary."
Bønnen blev besvaret kort og kontant: " det er en om´er."

Feltet er ikke en egenskab I rummet, men er en egenskab VED rummet selv, og elektricitet og magnetisme er ikke fænomener der kan reduceres yderligere til mindre komponenter.

Den mekaniske model var for altid blevet dømt ude, men problematikkerne der havde nedsablet den bestod.

Som altid skal der en antihelt til for at redde stumperne når de konventionelle morakkere har trådt i spinaten.
Nu trådte ham som alle havde fordømt som en håbløs drømmer frem. Klassens klovn trådte op til tavlen fra sin plads i skammekrogen og gik i gang med svampen og kridtet, og da han var færdig sluttede han af med at skrive" så kan i lære det!" øverst på tavlen.
Einstein tog alle deres videnskabelige aksiomer som rum, tid, og substans, og redefinerede dem.
I stedet for rummet som konstant og medium, så indførte han nu lyset som den eneste absolut, og relativiserede alle andre; han redefinerede dem som kategorier hvis egenskaber fuldstændigt afhænger af iagttagerens bevægelse relativt i forhold til andre iagttagere.
Efter Einstein havde været i gang med saksen på puslespilsbrikkerne, så var den eneste tilbageværende ydre objektive konstant således nu lysets hastighed, som iagttageren stod i forhold til; en absolut som alt andet relaterede til og kvantificeredes ud fra: en konstant, som kvantefysikken dog hurtigt kanøflede.
Hver eneste gang nogen prøver at fortælle naturen hvordan den definitivt skal være konstrueret på det fundamentale plan, så kommer dens håndgangne mand kvantemekanikken og deler et par flade ud, så de kan lære det.

Eller formuleret på en anden måde: en absolut beskrivelse i et begreb eller fænomen, er et system, og et ideal, og disse er altid kausalt beskrevet og defineret, og som sådanne, vil de altid være i opposition til fundamentet som invarianser fremspringer af: det associative princip.

Einsteins største bommert var således hverken den kosmologiske konstant eller lysets: men at han overså at den eneste konstant og absolut, som alle andre kategorier relaterer til og defineres ud fra: er den antropiske konstant. Bevidsthed er associativt funderet.

Bevidsthed, ER virkelighed, og virkelighed ER bevidsthed.

Opfattelsen af atomet som en fast defineret og entydig legoklods af fysisk substans måtte således tilsvarende redefineres.

Stråling og materie var de to former for substanser, legoklodser, som fysikken hidtil havde skelnet mellem. Materien bestod således af de faste partikler, hvor lyset var de luftige bølger.

Nu var det Max Plancks tid til at starte en revolution, da han opdagede at lys under visse omstændigheder opfører sig som partikler, hvilket stod i kontradiktion til de allerede observerede interferensfænomener som klart viste lysets bølgenatur.

Det så altså ud til at lyset på samme tid havde både bølge og partikelnatur, og landsmanden Niels Bohr trådte til med det erkendelsesteoretiske begreb "komplementaritet" som definition på dette fænomen.

Hverken den model der beskriver lysets mindste bestanddel fotonen som en partikel eller som en bølge er "sand", ligesom de heller ikke på nogen måde er "falsk."

Begge er de modeller til beskrivelse af et virkeligt fænomen som det principielt er umuligt at give en entydig beskrivelse af; begge modeller er således indbyrdes modstridende og dog begge særdeles anvendelige, hvilket som sagt er enhver models kriterium.

Spørgejørgen var med sine nærgående spørgsmål kommet helt derned hvor der ikke længere er noget ja eller nej, noget enten eller; der er kun et ja til spørgsmålet da selve spørgsmålet er en skabende proces, hvilket vil sige både og, og virkelighedens fundament af paradoksalitet manifesterede sig nu ganske konkret og eksperimentelt for fysikerne, og ikke kun som en abstrakt filosofisk problematik at spekulere i.

Problematikken ligger i, at vi ud fra vores egen begrebsverden danner modeller, men glemmer at de er redskaber og intet andet. Uanset ligheden imellem den giraf vi ser med vores egne øjne og fotografiet af den, er hverken det ene eller andet mere eller mindre korrekt i nogen ydre objektiv forstand, da både det vi ser med vores egne øjne såvel som på fotografiet BEGGE er visuelle modeller vi selv skaber. Det er en sammenligning imellem to af vores hjerne selvskabte modeller til anvendelsen i perceptionen, og ikke imellem noget præcist ydre og upræcist indre.

Al sansning er fundamentalt en aktiv og skabende proces, ikke en passiv iagttagelse; vi skaber hvad vi ser, hvad vi sanser, og når vi laver en model der skal afbilde dette, er det en model af en model, og det er det man oftest glemmer: at virkelighed er modeller, og procedurer til beherskelse af disse.

De modeller som de to hovedretninger idealismen og materialismen producerer, er komplementære, og den ene skoles model kan ikke bruges til at kritisere den andens, lige så lidt som partikel og bølgemodellen af lyset kan det.

Den idealistiske model og den materialistiske er igennem historien blevet sat op imod hinanden som uforenelige af filosofiens spekulanter, og først den moderne fysik skulle bilægge striden med begrebet komplementaritet, som følge af kravet om ikke alene teoretisering som i filosofien, men også om det faktiske eksperiment som ikke lægger hovedvægten på modellen der anvendes, men de resultater man opnår i eksperimentet ud fra de procedurer som modellen er i stand til at sætte rammerne for.

Således bragte fysikkens pragmatiske indgangsvinkel til teoretiseringen videnskaben det skridt videre i erkendelsesteorien som filosofien hidtil ikke havde formået.

Lysets partikelnatur kom som en uvelkommen gæst for fysikerne, men dens bror substans eller "materie" skulle nu vise sig at være lysets tvillingebror.

Et grundstof kan ved at udsende stråling (radioaktivitet), spontant forvandle sig til et andet; det er materiens transsubstantiation.

Ud fra dette kunne man opstille folkeskolefysikkens atommodel med elektronerne der kredser omkring en kerne af protoner og neutroner. Modellens teoretisering var et pænt og harmonisk mekanisk glansbillede, men da man forsøgte at bruge den i forbindelse med undersøgelsen af stoffernes kemiske sammensætning i spektroskopien fik videnskabsmændene den frygtede sætning lige i masken igen " det er en om´er."

For yderligere at understrege dette opdagede man nu at elektronen udviste interferens, hvilket tvang fysikerne til at konkludere at også stoffet har en komplementær karakter, i og med at det til tider opførte sig som om det havde bølgenatur.

Det var som om naturen havde sagt " så kan i lære det!"
Det kunne de: og dermed opstod kvantefysikken.

Kvantemekanikken forklarer, at elektronbølgen udelukkende
repræsenterer sandsynligheden for at finde elektronen på et bestemt sted,
og denne sandsynlighed er af grundlæggende principiel karakter:
elektronen kan slet ikke være lokaliseret på et bestemt sted, ja, den kan
ikke engang siges at eksistere i almindelig forstand, da den kun kan have
mere eller mindre tendens til at eksistere.

Kvantemekanikkens bølgebillede er således en rent matematisk model af
et sandsynlighedsmønster: håbet om en visuel model bristede således
fuldstændigt. Hermed stod det en gang for alle klart, at den synlige verden
som vi opfatter den som en visuel model, kun eksisterer i menneskets egen
hjerne, og er skabt af vores egne kategorier og begreber, og at disse bryder
sammen og afslører sig selv som netop selvskabte modeller, når vi går dem
tilpas hensynsløst efter i sømmene.

Den moderne fysiks erkendelse er, at der slet ikke er nogen
"legoklodser", der er kun bevidstheden der leger med disse, og i den
proces skaber dem: atomismen er brudt sammen, og heller ikke
elementarpartiklerne kan redde den veldefinerede byggeklods-ide hvor
verden er et samlesæt

I den moderne fysik er der således ingen skarp afgrænsning mellem
materie og energi, mellem ting og egenskab. De kræfter der virker imellem
partiklerne har partikelnatur, og bedre bliver det jo ikke af at partiklerne
også har komplementære egenskaber som kræfter i sig selv.

Verden kan simpelthen ikke reduceres yderligere til mindre bestanddele,
da man har konstateret at sådanne bestanddele slet ikke eksisterer.

Den traditionelle videnskabelige metode der netop er funderet på
objektiviteten kan heller ikke opretholdes, da en observation på det
kvantefysiske plan simpelthen ikke er mulig at foretage objektivt: en
måling er her en proces der på afgørende vis indbefatter iagttageren, da
man har måttet konstatere at virkelighed simpelthen er en direkte funktion
af den valgte metode og model, da dette determinerer kollaberingen af
sandsynlighedsmønsterets tendens til at være.

Det den moderne fysik har fastslået udenfor enhver tvivl, er: at
virkeligheden på det fundamentale plan er mere idealistisk end den er

materialistisk, fordi idealet repræsenterer den a priori beskrivelse der ligger til grund for selve fænomenet, som emergerer ud fra potentialiteten.

Og det er et alvorligt problem, når nu man teoretiserer med materialistisk empirisk udgangspunkt i observerbare fænomener.

Mennesket har fundet det praktisk at tale om verden på en måde, der nemt og effektivt gør det muligt at håndtere den kausale verden på pragmatisk vis. Vores sprog udspringer altså primært af et behov for at beherske verden-"hvordan": hvor den dybere forståelse af "hvorfor" kommer sekundært.

Hvordan prioriteres højere end hvorfor og hvad: fordi det er kausalitetens hv-spørgsmål.

Hvorfor og hvad derimod, ligger ovre i det primære associative princips kategori.

Den klassiske fysik forsøgte at reducere og beskrive fænomenerne ud fra en sproglig begrebsramme, der ligesom hverdagssproget er funderet på kausalitet; dualisme og substans som noget absolut.

I den moderne fysik bryder disse begreber sammen som absolutter, og afslører i stedet sig selv som kategorier, der er flydende størrelser alt efter hvordan de anvendes, på hvilket niveau af virkeligheden de anvendes; men mest skandaløst i videnskabsmandens øjne: alt efter HVEM der anvender dem.

Det er en erkendelse af at begreber er ord, og ikke fænomenerne selv; og disse to kan være mere eller mindre i overensstemmelse med hinanden men aldrig fuldstændigt, da selve vores opfattelse af fænomenet præger det, i og med at vi fortolker det i den sansemodel hjernen skaber ud fra vores egne subjektive såvel som konsensusdefinerede kriterier.

Tid og rum var ved det nye kvantemekaniske verdensbillede nemlig ikke længere blot objektive begreber hvis TOLKNING var afhængige af iagttageren: tid og rum var begreber hvis EKSISTENS var AFHÆNGIGE af iagttageren.

Tid, rum, substans, lokalisering; disse begreber er ikke kun afhængige af iagttageren; de er meningsløse uden en iagttager: uden iagttager er det ikke kun begrebet der ikke eksisterer, men også selve fænomenet.

Ved denne erkendelse af at selve verden og virkelighedens fundament er bevidsthed i form af iagttagelse, eller opmærksomhed, må man have sig det for øje at "iagttager" ikke udtrykker en passiv tilstand, men tværtimod en skabende og aktiv proces: iagttagerens opmærksomhed er definerende for SELVE fænomenet, og ikke kun for dets tolkning.

Den moderne fysiks konklusion er således, at iagttagelse uden en iagttager er meningsløst: for dermed er der slet ikke noget at iagttage. Begreber som tid og rum kan derved ikke defineres anderledes end som egenskaber ved måleinstanser som ur og lineal, eller mere præcist: som egenskaber ved ur og lineal brugt af et menneske i en præcist defineret procedure.

Hvis tiden overalt i universet pludselig gik dobbelt så hurtigt ville det så have nogen betydning for vores tidsopfattelse?

Hvis verden pludselig blev dobbelt så stor ville alle linealerne vokse med den, og ville størrelsesforholdet så overhovedet have ændret sig på nogen meningsfuld måde?

Den klassiske naturvidenskab karakteriseret ved Newtons verdensparadigme ville svare ja; men Einstein der med relativiseringen af naturlovene i forhold til iagttageren slog fast at dette ikke var tilfældet, da alt defineres i forhold til iagttageren, og kvantemekanikken godtgør videre, at det er decideret meningsløst at tale om lineal og ur, såvel som fænomener, uden en iagttager.

Begrebers styrke såvel som deres svaghed, er, at de er abstraktioner fra oplevelse.

Så snart man begynder at opfatte virkeligheden som andet end oplevelse og opfattelse, da kommer man i vanskeligheder; og da begreber netop repræsenterer en abstraktion fra oplevelse vil de altid være problematiske.

Max Planck forsøgte at måle stråling med vilkårlig nøjagtighed, det vil sige ud fra et begreb, en konstant, en målestok, hvis formål var at kvantificere; og med nærmest poetisk retfærdighed stak naturen kvanten lige i synet på ham og den klassiske naturvidenskab, for "så kunne de lære det!"

Kvanten er den mindste målelige og eksisterende energienhed, og dens kvantificerbarhed er ikke mulig i forhold til en objektiv skala, da skalaen netop determinerer naturen ved dens kvantificerbarhed.

Når man foretager en måling foregår der en energiudveksling af en eller anden karakter, og jo mindre denne energiudveksling er jo bedre, for jo mindre forstyrrer vi det fænomen vi ønsker at foretage en måling på, altså: jo mindre energiudveksling, jo større "objektivitet."

Når man vil foretage en måling på en partikel, en iagttagelse, må man belyse den for at få en målbar refleksion, og jo mindre jo bedre, for jo mindre forstyrrer man dens bane.

Stuen er altså mørk og vi har i vores stangbacardi brandert glemt at lukke papegøjen ind i dens bur, og nu basker den rundt overalt i værelset; faktisk ER den overalt og ingen steder i værelset, så længe lyset er slukket.

Vi tænder altså lyset som reflekteres imod papegøjen i lokalet, som så rammer nethinden og vi er i stand til at se den.

Der har fundet en energiudveksling sted, en måling har været mulig, og papegøjen er blevet lokaliseret.

(Nu skal vi bare have fanget det fucking forbandede kræ.)

Jo mindre lys vi kan klare os med og samtidig stadigvæk se jo bedre; for problemet er at lyset i sig selv forandrer enten papegøjens lokalisering eller hastighed, da den bliver skræmt ad helvede til af at gå fra mørke til lys; dermed er vi ikke er i stand til at foretage en præcis måling, da selve målingen forandrer papegøjens omstændigheder: faktisk determinerer selve målingen papegøjens omstændigheder.

Uanset hvor svagt vi tænder lyset i lokalet går papegøjen altid amok af skræk, og forstyrrelsen af partiklen kommer aldrig under Plancks konstant.

Hvad mener man præcis med at lyset forstyrrer papegøjen?

Lys opfattet som en bølge har som bekendt en bølgelængde og en frekvens, og frekvensen er omvendt proportional med bølgelængden.

Jo højere frekvens, jo hurtigere svinger lysets bølger, jo mere kraftfuldt, og jo mere skræmmer det den stakkels papegøje.

Nogen ville nu indvende at man kunne sænke frekvensen af det lys man belyser papegøje-partiklen med så den ikke blev så skræmt.

Og det er da også rigtigt.

Men frekvens var jo omvendt proportional med bølgelængde; og bølgelængde er afstanden mellem to bølgetoppe.

Frekvensen repræsenterer den tid der går mellem at to bølgetoppe passerer. Ved lav frekvens er bølgelængden altså større.

Iagttagelsen af en genstand sker ved at konstatere den forstyrrelse den laver i bølgemønsteret, og jo større bølgelængden er, jo mindre forstyrrelse er der i bølgemønsteret, hvilket i praksis betyder at man kan se færre detaljer, og omvendt, mere detaljeret ved mindre bølgelængde og større frekvens.

Der er altså to valgmuligheder herfra.

Ved at bestråle papegøjepartiklen med højfrekvent lys giver det et nøjagtigt billede af papegøjens beliggenhed, dens position, i det øjeblik vi tænder for lyset.

Til gengæld skræmmer det skarpe lys den stakkels papegøjepartikel så meget, at egenskaberne ved dens bevægelse stort set er gået tabt. Begrebet momentum kommer her i spil, som repræsenterer produktet mellem partiklens masse og dens hastighed.

Ens kranie kan godt tåle at blive ramt af en bordtennisbold med høj fart eller af en bowlingkugle i sneglefart, men en bowlingkugle i bøtten for fuld fucking fart flækker kraniet.

Det der flækker kraniet er altså hverken masse eller hastighed, men produktet af de to: momentum.

På samme måde kan en lille mand der slår tilsvarende hurtigere end et stort brød slå med samme kraft, ja, endda med mere. Det var dette princip Bruce Lee brugte til at sende hvem som helst i gulvet med; han var en mester ikke alene i at generere hurtighed, men også vægt bag et slag: han var mester i at skabe momentum.

Det er momentum der flækker kraniet.

Omvendt kan man bestråle den stakkels papegøjepartikel med meget lavfrekvent lys, hvilket betyder at vi danner os en meget god fornemmelse af dens momentum, men dette sker på bekostning af dens position. Højere præcision i determineringen af partiklens position betyder altså at dens momentum bliver mere ubestemt, og vice versa.

Ret forenklet er dette det principielle teoretiske grundlag der ligger bag Heisenbergs ubestemthedsrelation som er en af kvantefysikkens hjørnesten; denne opdagelse gjorde en gang for alle kål på objektivitet, dualisme, absolut entydighed: det er principielt umuligt.

Ved at determinere papegøjepartiklens præcise position i rummet skræmmer man altså livet af den, og den falder død til jorden; den mister fuldstændigt sit momentum.

Omvendt vil en determinering af papegøjepartiklens hastighed ikke skræmme livet af den så den mister dens momentum, i stedet vil det blot skræmme den til hyperaktivitet så dens position bliver ubestemmelig.

En bestemmelse af en partikels position umuliggør principielt set en bestemmelse af dens momentum: valget af det ene udelukker muligheden for det andet.

Når den stakkels papegøjepartikel mister sin position alene forårsaget af at vi måler på dens momentum, kan man så overhovedet tale om at momentum, position og endda at papegøjepartiklen selv eksisterer på andre tidspunkter end når der foretages en måling på den?
Ikke en skid!

Det var det der i begyndelsen af forklaringen med at papegøjen ikke er noget sted i rummet før vi tænder lyset, ja, faktisk eksisterer den overhovedet ikke på nogen meningsfuld måde før vi tænder for lyset, andet end i den forstand at den har en tendens til at eksistere.

Det er dette fysikeren forklarer og udtrykker med abstrakte matematiske begreber fra sandsynlighedsberegningen, når nu en visuel model er en principiel umulighed.

I en visuel forklaringsmodel af partiklens momentum og position, som for eksempel i et koordinatsystem, vil de unøjagtige målinger ikke determinere et punkt, men i stedet klumpe sig sammen i en sløret fortætning.

Der er altså intet korrekt punkt, de mange markeringer på koordinatsystemet repræsenterer ikke en tilnærmelse til det virkelige fænomen; de er sandsynligheder, men ikke for at partiklen ER noget bestemt sted, men for at vi vil finde den på det pågældende sted NÅR vi foretager vores måling netop I OG MED at vi foretager vores måling.

Prognosticering er det fundamentale kriterium for enhver teknik og procedure, og dermed for videnskab; at man med sikkerhed er i stand til at forudsige en måling er kriteriet for at en teori valideres, i den forstand at proceduren til prognose fungerer.

I den moderne fysik er der imidlertid kun sandsynligheden for målingen. De udtværede partikler på koordinatsystemet er en følge af sandsynlighedsmomentet, og det er dette man tolker som partiklens bølgenatur.

Papegøjeelektronen kredser altså ikke i en bestemt bane omkring atomkernen, tværtimod er den på samme tid overalt omkring kernen som en flaksende sky.

Der hvor skyen fortættes er der størst sandsynlighed for at vi finder papegøjeelektronen, men hvor den er FØR vi måler er et meningsløst spørgsmål: den er ingen steder og alle steder på en gang.

Skyen omkring kernen ER papegøjeelektronen: dette er den stående bølge. Som en følge af Max Plancks kvantificerede lys kom Einsteins teori om lys tolket som fotoner, som PARTIKLER, det var med denne han forklarede den fotoelektriske effekt.

Definitionen af elektricitet er elektroner i bevægelse.

Den fotoelektriske effekt består i at lys kan omdannes til elektricitet, og det sker ved at fotonerne slår elektroner løs i det bestrålede stof og sætter dem i bevægelse.

Det er svært at samle en bølge op og kaste den, men med den kompakte sten ved strandbredden går det noget bedre. Bølger slår altså ikke noget løs i et bestrålet stof, men det gør derimod den faste partikel: dette er korpuskelteorien: man opfatter lys som fotoner.

Med dobbeltspalteeksperimentet var det imidlertid på dette tidspunkt for længst blevet bevist at lys var bølger.

Dobbeltspalteeksperimentets forsøgsopstilling består af en skærm med to lodrette spalter i, som lyset passerer og rammer en bagvæg.

Med kun den ene af de to spalter åbne får man en samling lys på væggen.

Med begge spalter åbne får man ikke en samling lys på væggen der er dobbelt så lysstærk som ved kun en spalte åben, i stedet får man et diffraktionsmønster.

Fidusen ved spalterne er nemlig deres størrelse; de var tyndere end bølgelængden af det lys eksperimentatoren gør brug af i sit eksperiment, og dermed bryder det lyset.

Det er denne brydning der resulterer i diffraktionsmønsteret.

Dette er essensen i "dobbeltspalteeksperimentet", nemlig at der er to spalter, og at åbningen af dem begge skaber diffraktion, at de to bølgemønstre påvirker hinanden, hvilket kaldes interferens.

Hvis man lader en dråbe mælk falde i en kop kaffe så rammer den overfladen og fortrænger kaffe imens mælkedråben selv optages i væsken. Det fremkalder en reaktion af bølger der bevæger sig udad imod kaffekoppens kant i ringformation, hvor de rammer og kastes tilbage, så den første rammer den efterfølgende bølge, der stadigvæk breder sig ud imod koppens kant.

Når de to bølgetoppe falder sammen forstærker de hinandens effekt og man får en større bølge; hvis bølgetop og dal falder sammen udligner de hinanden.

I dobbeltspalteeksperimentet repræsenterer de lyse linjer i mønsteret på bagvæggen de punkter, hvor bølgetoppe af lys forstærker hinanden, og de mørke er steder hvor bølgetop og dal har udlignet hinanden.

Dermed er det eksperimentelt bevist at lys har bølgenatur.

Dette eksperiment gentager man imidlertid med fotoner.

Man affyrer nu en enkelt foton imod en skærm med begge spalter åbne, og man får et mønster.

Der hvor skærmen er helt sort kan man ifølge korpuskelteorien-lys som partikler- konkludere at ingen fotoner har ramt.

Derefter tildækkes den ene spalte og man sender igen en enkelt foton af sted, og denne foton rammer nu væggen på netop det sted hvor ingen fotoner ramte så længe begge spalter var åbne.

Set ud fra fotonens perspektiv forlader den altså lyskilden rettet imod skærmen og går igennem en af dens spalter.

Når kun den ene spalte er åben skal den ramme væggen på et sted; hvis begge derimod er åbne så et helt andet.

Hvordan ved fotonen om det kun er den ene spalte der er åben eller dem begge?

Den færdes med lysets hastighed, og den kan jo ikke så godt stoppe op midt i det hele, eller ligefrem smutte forbi den anden spalte, bare lige for at tjekke ud om den er åben eller ej, inden den smutter videre og rammer det korrekte punkt, som følge af dens viden om at det kun er den ene spalte eller dem begge der er åbne.

Så hvordan gør den det?

Svaret er at fotonen ved det, fordi personen der har opstillet forsøgsopstillingen ved det: fotonens viden er implicit, den har simpelthen insiderinformation som en kriminel aktiespekulant.

Det er nemlig ikke substans der ligger til grund for bevidsthed.

Det er ikke bevidsthed der kan reduceres til en egenskab ved substansen, men omvendt: det er substansen der kan reduceres til en egenskab ved bevidstheden: det er bevidsthed der ligger til grund for substans, og derfor ved fotonen det den gør.

Til hverdag er substans, dualisme og personlighed, praktiske kategorier at anskue verden ud fra, men når alt kommer til alt er de netop blot dette: kategorier.

Bevidsthed er altså ikke en funktion som følge af disse kategorier; disse kategorier er en følge af bevidsthed. Hønens bevidsthed kom før kategoriernes afgrænsende æg.

Æggeskallen er kategorien eller begrebets begrænsning, og ruger vi længe nok på ægget bryder den levende kylling af bevidsthed igennem dens afgrænsning.

Det levende og oplevede fænomen bryder igennem begrebets skal af abstraktion.

Erwin Schrödinger udtrykte partiklens bølgenatur matematisk i hvad der kaldes Schrödingers bølgefunktion, som er essentiel for kvantefysikken. Alle de positioner partiklen kan have når man måler på den er indbefattet i ligningen som en mulighed.

Man kan ikke præcist forudsige hvor fotonen vil ramme væggen bag de to spalter, men uanset hvor det end bliver, så er det blevet forudset som en mulighed af bølgefunktionen, i og med at samtlige mulige positioner er indbefattet i ligningen.

Dette sætter den moderne fysiker i stand til ud fra netop denne bølgefunktion at udregne sandsynligheden for at fotonen vil ramme et bestemt sted; i sandsynlighedsberegningerne der udvikler sig forudsigeligt vender elementet af prognose tilbage til fysikerens store glæde.

Problematikken er nu blot at den strengt potentielle bølgefunktion af sandsynlighed til at eksistere, kollaberer i en position i tre dimensioner på et tidspunkt, så snart nogen iagttager målingen på den, og altid i den kategorisering man måler efter om den befinder sig i.

Partiklen er en papegøjepartikel, fordi den snakker en efter munden.

Den stående bølge som Schrödingers bølgefunktion beskriver, kan sammenlignes med overfladespændingen i en kop kaffe. Kaffekoppens kant er virkelighedens kant, udenfor denne kant er der ingenting, og den afgrænsede kaffe er alt hvad der er.

Overfladespændingen repræsenterer nu bølgefunktionen; den er alle steder og ingen steder, og dermed er den på sin vis slet ikke, så længe overfladespændingen ikke er brudt, den er rent potentiel, sandsynlig.

Med en nål prikker man i væskens overflade, og hvor man så end vælger at prikke med nålen brydes overfladespændingen og bølgen kollaberer. Ham der prikker med nålen måler sig altså ikke blot frem til positionen i rummets tre dimensioner samt den tidslige; han ligefrem SKABER den i og med at han bryder overfladespændingen: målingen får bølgefunktionen til at kollabere, og før dette sker, er bølgefunktionen kun en sandsynlighed, det vil sige: den er slet ikke til i nogen konkret forstand.

Den altafgørende faktor i den moderne fysik er altså iagttagelse: målingen som den procedure der skaber fænomenet.

Dette er fuldstændigt i modstrid med hvad hele den klassiske naturvidenskab er funderet på; nemlig målingen som en objektiv procedure der blot kvantificerer et allerede eksisterende fænomen.

Iagttagelse ikke blot forandrer verden: det SKABER den.

Således repræsenterer iagttagerens målinger de ledende spørgsmål som virkeligheden, det lede stikkersvin som jeg altid har fundet suspekt, blot tilstår og samtykker i.

Bølgefunktionen er altså en aldeles forudsigelig model af virkeligheden. Problemet med modellen er imidlertid det at den kun er rent potentiel.

Den kollaberer fra potentiel til aktuel og bliver til virkelighed ved bevidsthedsfænomenerne, og disse er fuldstændigt uforudsigelige ud over bølgefunktionens sandsynlighedsberegning over hvad der er muligt og hvad der er sandsynligt. For bevidsthedsfænomener er associativt funderede.

I det øjeblik fotonen bliver sendt af sted imod dobbeltspalte-forsøgsopstillingen begynder bølgefunktionen at udvikle sig.

I og med at man kun sender en enkelt partikel af sted for at finde ud af om den passerer igennem den ene eller den anden af de to spalter, er bølgefunktionen overskuelig for fysikeren at have med at gøre. Resultatet er imidlertid ikke kommunikerbart på meningsfuld måde i vores almindelige begrebsverden, da en beskrivelse af resultatet på dette plan vil sige at fotonen går igennem begge spalter på samme tid.

Vores begrebsverden kan ikke beskrive fænomenet konkret, men kommer med en paradoksal komplementær beskrivelse, som når vi i sproget spørger om hvem der klipper frisøren på Bornholm, når han er den eneste der kan klippe, og kun klipper alle dem der ikke klipper sig selv?

Seriøst, hvis du kan give mig et svar så skriv det i et brev og send det til mig, så giver jeg en middag, for det ville kraftedeme være godt gået.(Og alle groupier er velkomne til at skrive at de ikke forstår spørgsmålet, så kommer i bare forbi så vi kan tage en lille snak om det.)

Vi udvider imidlertid vores lille forsøg, og ud for hver spalte sætter vi nu en mekanisme op der registrerer fotonens gennemgang med et lille klik, som et tælleapparat.

Dermed ved vi hvilken spalte fotonen valgte når apparatet klikker, vi ved at bølgefunktionen er kollaberet, men det mystiske ved hele affæren er at det KUN sker hvis vi HØRER klikket på apparatet.

Før vi registrerer at bølgefunktionen kollaberer, så kollaberer den slet ikke.

Sagt på en anden måde: den gider simpelthen ikke lege med, hvis vi ikke ofrer den vores opmærksomhed, og den er i øvrigt stædig som et treårigt barn.

Hvis fysikeren undlader at afvente eksperimentets udfald og forlader den stædige foton, der med korslagte arme har sat sig demonstrativt afventende i protest over at vi ikke hører efter om apparatet klikker eller ej, som registrering af dens passage igennem en af spalterne, så venter den: endda for evigt.

Gu gider den da røv optræde som en cirkusabe, hvis altså ikke der er nogen der overværer forestillingen, og det kan man jo sådan set ikke betænke den i.

Nu er fysikeren imidlertid også blevet stædig og nægter fotonen sin opmærksomhed, det er blevet som en stirrekonkurrence i hvem der blinker først, og ikke overraskende er det fotonen der vinder.

Efter halvtreds år vender fysikeren nemlig tilbage til sin forsøgsopstilling. Den klassiske fysiks verdensanskuelse vil sige at fotonen passerede igennem den ene af forsøgsopstillingens to spalter straks efter fysikeren forlod den.

Og efter de halvtreds år da fysikeren vender tilbage til sit eksperiment, så kan han da også aflæse på apparaturet, at fotonen er passeret igennem den ene eller den anden spalte for halvtreds år siden: straks efter han sendte den af sted.

Det paradoksale er nu, at, ifølge den moderne fysik så foretager fotonen ikke sit valg af spalte før netop NU, hvor fysikeren er vendt tilbage for at registrere eksperimentets udfald.

I dag vælger den altså sin spalte og går igennem den; men den går igennem den for halvtreds år siden: den har V.I.P- acces til en tidsmaskine.

Dagen før hvor fysikeren endnu ikke havde ofret forsøgsopstillingen sin opmærksomhed havde fotonen ikke passeret nogen spalte; i dag hvor han vender tilbage for at registrere udfaldet vælger fotonen så overlegent at spankulere tilbage i tiden og passere for halvtreds år siden.

Dette er essensen i det tankeeksperiment som Schrødinger udtænkte og som har hjemsøgt den moderne fysik med sin paradoksalitet i de konklusioner den tvinger fysikerne til at drage.

Eksperimentet er en enkel variation over dobbeltspalteeksperimentets forsøgsopstilling, som simpelthen kobles sammen med en kasse hvori der befinder sig en kat.

Hvis fotonen passerer den ene spalte så sker der ingenting og katten bliver ikke slået af sin tønde.

Går fotonen derimod igennem den anden spalte, så udløser det en giftampul, og katten bliver gasset hurtigere end en jøde under anden verdenskrig.

Man forlader forsøgsopstillingen uden at afvente udfaldet af eksperimentet.

Set ud fra den klassiske fysiks synspunkt skete der straks efter man forlod forsøgsopstillingen enten det at katten blev nakket eller overlevede, og katten er i dette øjeblik ENTEN levende ELLER død.

Den moderne fysik fortæller os imidlertid, at det ikke forholder sig således. Katten er hverken blevet nakket eller har overlevet dette makabre spil russisk roulette på kvantemekanisk plan, for fotonen har endnu ikke foretaget sit valg, og det gør den som sagt ikke før der er nogen der ofrer den iagttagelsens skabende opmærksomhed ved at registrere eksperimentets udfald.

Katten er altså HVERKEN død eller levende.

Det er jo sindssygt! Er de flestes umiddelbare reaktion, men sindssygen, vrangforestillingen, er, at verden som vi kender den eksisterer uafhængigt af vores skabelse af den. Det gør den bare ikke.

Den verden man kan opfatte og opleve og alle dens egenskaber og karakteristika, den virkelighed som man til dagligdag opfatter som den ydre konceptuelle verden: den er en konstruktion som vi alle selv skaber.

Ved samstemmigheden i vores kognitive begrebsapparat, yderligere koordineret og konsolideret igennem konsensus i vores fælles sproglige begrebsverden, bliver den virkelighed til som vi kender til hverdag; den er middelværdien af samtlige de menneskelige verdensskaberes iagttagelse og dermed foranstaltning af de potentielle bølgefunktioners kollabering.

Verdens fundament er dermed selvbevidst, men fundamentalt set ikke i en personlig forstand sådan som vi kender hos os selv. Den personlige bevidsthed som vi til hverdag opfatter som vores eget "selv" er også en kategori, og det er igennem disse kategorier verden bliver sig selv bevidst: den iagttager sig selv igennem forskellige synsvinkler eller personlighedskategorier.

Og på det fundamentale plan er enhver substans således en bevidsthed der får form, og alting er således i højere eller mindre grad udstyret med en personlig bevidsthed, for det er igennem denne, at egenskaber og formål manifesterer sig, hvilket er noget, som alt eksisterende er i besiddelse af.

Iagttagelse skaber substans, derved er substans fundamentalt set er oplevelse, og oplevelse er manifestationen af bevidsthed i handling: det er en aktiv proces.

På det fundamentale plan er alting et; noget som den moderne fysik ser afspejlet i det fænomen at alle partikler er indbyrdes forbundne, det de kalder "entangelment."

Fotonen ved at begge spalter er åbne fordi den har insiderinformation, den ved det, fordi videnskabsmanden ved det; alting er bevidsthed og alting hænger sammen på det fundamentale plan: enhver adskillelse er psykologisk, og sker ved iagttagelse igennem divergerende synsvinkler og kategorisering, igennem de forskellige personlighedskategorier, som alting i mere eller mindre kompleks grad er udstyret med: som vi udstyrer dem med igennem vores aktive sansning eller skabelse af verden.

Da hjernen er et lukket system der fortolker sanseindtryk, som den så danner en verdensmodel den projicerer ud på det ydre kanvas som vi oplever igennem personlighedskategorien, må alt sanset være i besiddelse af en lille portion psykodynamik som vi udstyrer dem med for overhovedet at kunne sanse dem: og psykodynamik er bevidsthed. Da vi er flere om at opleve verden udstyrer vi hver især verden med psykodynamik igennem vores aktive sansning: og det er denne der er verdens iboende sjæl og personligheder, og det er også dette der gør at disse væsner på en gang er personlige og upersonlige.

Det er på dette, at alle tidligere verdensbilleder der er åndeligt funderet bygger, det er religionens udgangspunkt: den moderne fysik og neurologi bekræfter således de tidligere kulturer i deres opfattelse af, at verden er en psykologisk funderet konstruktion, og at mennesket igennem iagttagelse skaber oplevelsen af virkelighed.

Den moderne fysiks fagbegreber og teoretiseringer ud fra det positivistiske synspunkt lyder således som en semantisk redefinering af tidligere kulturers religiøse begreber, men med det formål at snige dualismen og den ydre objektive virkelighed ind ad bagdøren.

Tja… man kan vel næppe fortænke fysikeren i sine forsøg på at snige det "fysiske" ind ad bagdøren: for ellers mister hans fag vel den præmis det er funderet på. I hvert fald på det grundlæggende principielle plan.

Holografi og imaginærtid som de beskæftiger sig med minder således slående meget om Platons idéverden.

Grassmantal og supersymmetri imellem fermioner og bosoner minder i mistænkelig grad om pythagoræernes hele og udelelige tal, og om samtlige religioners teoretisering over det positive og det negative som fundamentale dynamikker i et modstridende spændingsforhold, ud af hvis forening, adskillelse og brydning, i cyklus: at verden opstår.

Når de teoretiserer at vi bor på en P- bran i en rumtid med ekstra dimensioner, fra hvilke gravitationsbølger frembragt af massers bevægelse på branen forplanter sig ind i de andre dimensioner, så taler de jo i virkeligheden blot om den jødiske Sephiroths Simsun; og de såkaldte gravitationsbølger er jo ikke andet end fortættet bevidsthed der manifesterer sig som substans. Det at disse kastes frem og tilbage mellem branen og skyggebranen, som de teoretiserer, er jo blot åndens kredsløb: en moderne version af Jakobsstigen.

Det netværk af relationer som de beskriver som dualiteter, som forbinder alle fem strengteorier indbyrdes, ud over den 11-dimensionale supergravitation, repræsenterer ikke andet end det fælles kognitive begrebsapparat i mennesket og dets kategorier, det er i dette deres dualiteter har fundament: fysikerne har taget de jødiske sephiroth og givet dem en gang maling, og præsenterer dem nu som deres eget kunstværk. De teoretiserer, at de forskellige strengteorier ikke er andet end udtryksformer for en og samme underliggende beskrivelse, dette kalder de M-teori.

De er altså som en flok bavianer der vinker til deres eget spejlbillede, men ikke fatter at det repræsenterer dem selv; eller som katten der jagter sin egen hale i troen på at den er en selvstændig ydre virkelighed. Der ER dog en M-teori med gyldighed, og som er andet end blændværk.

M-enneske-teori.

Det antropiske princip er den eneste reelle konstant for vores virkelighed.

Men hvad er så et menneske?

Der er intet som drømme til at skabe fremtiden. Utopia i dag, kød og blod i morgen.
(Victor Hugo.)

Kapitel 2: *Anden Rafaels Bog: Evolution og Biologisk motiveret Psykodynamik.*

Biologiens mekaniske modelanskuelse definerer bevidsthed som en emergent egenskab der karakteriserer organisk stof over en vis kompleksitet.

Den moderne fysik stempler denne model som utilstrækkelig i dens opdagelse af, at det er selve materien der er en emergent egenskab ved bevidsthed, defineret som iagttagelse eller opmærksomhed, måling: spørgsmål der kollaberer deres egne svar.

At den biologiske models udgangspunkt for analyse af fænomenerne ikke er absolut almengyldig på alle niveauer af virkeligheden, betyder ikke, at denne mekaniske modelanskuelse indenfor dens egne begrænsninger ikke har afgørende viden at tilbyde den der søger forståelse.

Som altid er kriteriet for en model dens anvendelighed, dens funktionalitet, og den biologisk-mekaniske modelanskuelse har vist sig særdeles anvendelig, som både forklarende og beskrivende model.

At virkeligheden på det fundamentale plan er defineret alene i forhold til den menneskelige konstant betyder heller ikke ved erkendelsen af dette, at man uden videre kan forme verden som det passer en. Det er igen en komplementær model: verden er sådan som vi skaber den, og vi skaber den således, fordi hjernen er skabt med de karakteristika som den er.

Der vil altid være regler, for uden regler ingen model, og hvad vi søger at opnå er simpelthen den fornødne indsigt, til ved procedure at skabe en bredere og mindre hæmmet model som vi kan opleve; IKKE at afskaffe modelbegrebet som sådan.(For så er der jo ingenting; og alting.)

Verden ER udelukkende psykologisk, og der ER intet ydre fysisk eksisterende.

At der dermed ikke eksisterer objektivitet er at smide barnet ud med badevandet.

Objektivitet eksisterer i bedste velgående og bygger på konsensus ligesom virkeligheden gør det.

Altså er den fælles virkelighed objektiv fordi dens sproglige begreber er fælles, ligesom det kognitive begrebsapparat hos mennesker har fælles karakteristika.

Det kognitive begrebsapparats karakteristika som vi har tilfælles er kategorierne igennem hvilket verdensmodellen formes og opleves, kategorier som identitet og synsvinkel, subjekt-objekt, rum, tid, substans, form, formål, egenskab, kausalitet, lokalitet, og det er disse kategorier vi søger igen at gøre til et REDSKAB som vi kan benytte, i stedet for en rigid strukturering der fungerer som kognitiv spændetrøje.

Den biologisk-mekaniske modelanskuelse har ikke alle svarene ligesom heller ikke fysikkens har det: uanset model vil der altid være fænomener der per definition ligger udenfor dens område, netop i og med at det er en model: det vil sige en begrænsning.

De fungerer på hver deres plan og har gyldighed på dette- og ikke absolut almengyldighed, og ved erkendelsen af dette samt indsigt, er man i stand til at skifte model alt efter hvilken der bedst besvarer det aktuelle spørgsmål, eller løser det aktuelle problem.

Den biologisk-mekaniske modelanskuelse er fremragende som udgangspunkt når man skal forklare og beskrive hvad bevidsthed er.

Kemiske forbindelser, nerveimpulser, neurotransmittere, det endokrine system, de biologisk prædeterminerede adfærdsmønstre og det kognitive begrebsapparats funktionsmåde og kriterier når det konstruerer verdensmodel: det er alt sammen indenfor den biologisk-mekaniske modelanskuelses område.

En af den menneskelige hjernes mest markante træk der skiller dens bevidsthedskapacitet ud fra alle andre skabningers, er, at den er selvreflekterende: den er endda i stand til at selvreflektere over hvorfor den selvreflekterer.

Dette sætter os i stand til kausalt at tolke, argumentere for, og beskrive; hvorfor vi kausalt tolker, argumenterer for og beskriver.

Det er en cirkelslutning der blandt cirkelslutningerne sparker røv, fordi den tilvejebringer selvrefleksion som er menneskets primære særkende som biologisk funderet organisme, og derfor er den biologisk-mekaniske modelanskuelse en model der sparker røv.

Og i og med at det eneste succeskriterium for en model er at den FUNGERER, og tillader os at fungere optimalt sammen med den verden vi oplever, er vi også forpligtet til at finde/konstruere den model der virker mest hensigtsmæssigt, samt selvfølgelig at benytte os af den.

Den biologisk-mekaniske modelanskuelse af mennesket har mere end nogen anden sat os i stand til at forstå vores motivationer, vores drifter; den har sat os i stand til at forstå og prognosticere, at beherske og danne procedurer, på det fælles kausale plan.

Derfor vil vi følge den biologisk-mekaniske modelanskuelse så langt vi kan for at opnå størst indsigt, indtil vi når dens biologiske ramme for erkendelse, ligesom vi gjorde den materielle med fysikkens, for også her at skimte ind i skumringstimens grænseland.

Og som ethvert godt eventyr, så begynder vi med den klassiske: Once upon a time …

Med dannelsen af de første organiske stoffer opstod livet på jorden. Organisk stof definerer biologen som kemiske forbindelser som er karakteristisk for levende væsner, strukturelt set er organisation og afgrænsning fundamentalt, ligesom fysisk grundlæggende er kulstoffets forbindelse med brint, ilt, og kvælstof.

Derved dannes de kvælstofholdige organiske aminosyrerne, hvoraf 20 indgår i opbygningen af levende væsner, som gennem kombination og syntese danner proteinmolekylerne, som er livets fundamentale byggesten. Hvad er protein?

Hvis to ting har haft "sex" for at lave det, så er det i hvert fald overvejende protein.

Ethvert levende legeme der vokser og regenererer, nedbryder såvel som danner disse livets legoklodser, og anvender dem ud fra Dna'ets arbejdsspecifikationer.

Dna er et særdeles vigtigt bestanddel af kromosomerne, da de primært tager del i opbygningen af celleproteiner, som følge af deres specifikation i hvilken rækkefølge aminosyrerne opbygges i, igennem mRNA som overfører den genetiske kode i cellekernens DNA til cytoplasmaet, hvor der efterfølgende finder proteinsyntese sted. Aminosyrer bliver transporteret til ribosomer, som er celleorganeller der indeholder RNA, af de relativt små tRNA-molekyler, hvor proteinsyntesen derefter kan finde sted.

Ved mitose sker der en celledeling, en reproduktion, ved at der i den eukaryote celle foregår en opløsning af cellens strukturer, en replikation af den store DNA dobbeltspiral, flytning af kromosomerne, en dannelse af kernetenen: og celledelingen er dermed muliggjort.

Dette er en konstant proces i et legeme; det er denne cyklus som homeøstasen fundamentalt set tilvejebringer i et specifikt organisatorisk system, der vekselvirker i symbiose med forskellige strukturelle enhedssystemer, der varetager en given funktion.

Organiske stoffer er som sagt kemiske forbindelser, og kemiske bindinger kræver energi både ved dannelse og nedbrydelse, hvilket tilfører dem en dynamisk side.

For milliarder af år siden var den ultraviolette stråling i langt højere grad end i dag i stand til at gennemtrænge atmosfæren, og dens energi var en katalysator for opbygningen af de organiske stoffer.

Denne stråling var de første simple organismer i stand til at udnytte til deres egen fordel, hvor det i dag er en betingelse for liv at ozonlaget i væsentlig grad begrænser den ultraviolette stråling.

Disse organiske molekylestrukturer samlede sig i kolonier af tilfældig organisering, og nogle af disse kolonier var mere effektive til at syntetisere nye organiske molekyler end andre.

Disse effektivt strukturerede kolonier voksede i sammenslutning indtil de kunne formere og dele sig: og dermed var præcellen opstået.

Strukturering er naturligvis en proces der kræver energi, og denne leverede den ultraviolette stråling fortrinligt da de første organiske forbindelser blev dannet; på det komplekse præcellestadium har den ultraviolette stråling imidlertid mere destruktiv effekt end opbyggende ved brug som energikilde.

Præcellerne begyndte nu i stedet at benytte sig af den bundne energi i de uorganiserede organiske molekyler. Ved deres nedbrydelse blev der frigjort energi og byggemateriale som kunne danne nye organiske molekyler indenfor præcellens struktur, samt forestå syntetiseringen af et lettilgængeligt brændstofdepot i cellen, og dette er hovedprincippet i de heterotrofe organismers stofskifte.

Autotroferne(planterne) benytter sig af solenergi som den igennem fotosyntesen er i stand til både at binde i midlertidige kemiske forbindelser, såvel som den oplagres på denne måde.

De moderne heterotrofer indtager og nedbryder autotroferne i enzymatiske trin i et stofskifte, en forbrænding, der således frigør både energi og byggeklodser til organismens egne proteinmolekyler.

Livets fundamentale princip om at liv lever af liv, og livets fundamentale konflikt omkring fødegrundlaget opstod hermed: og på disse to principper er evolutionen opstået.

Præcellerne udviklede sig med tiden i retning af den moderne celles struktur.

Deres stofskifte blev mere effektivt idet de igennem kontrollable mellemstadier og separate forbrændingstrin fik en bedre ressourcemæssig udnyttelse af den bundne energi. Dette muliggjorde også støre kontrol over den frigjorte energi, således at den kunne holdes på et for cellens organisation ufarligt og økonomisk minimum.

Også cellens organisation ved formering udvikler sig ved fremkomsten af nukleinsyrerne, som er de lange sammenrullede molekyler vi kender som kromosomer, og ved proteinsyntesen fungerer de både som en kode og et samlebånd.

Det er denne programmering der videregives ved cellens deling når den spaltes, som i multicellulære cellekolonier: organismer, videregives igennem kønscellerne.

Alle komplekse organismer med kønskarakteristika- mennesket iberegnet- er dermed en cellekoloni, og alle organer er cellekolonier med specifikke funktioner at varetage med henblik på den samlede cellekolonis behov, såvel som den enkelte celles, der varetages i et komplementært bottom-up/ top-down gensidigt definerende og proportionalt behovsstrukturerende system. Ud fra denne mekanisme varetages organisation og afgrænsning.

Energiudvekslingen i organismer foregår således i enheder der er nøje afmålte forhold svarende til energibindingen mellem en af fosfatgrupperne i adenosintrifosfat og resten af molekylet. Når organismen har behov for en enhed energi omdannes ATP til ADP samt en fosfatgruppe, og i denne proces frigøres den ene enhed energi.

Når forbruget af energienheder skal restitueres får ADP sin fosfatgruppe retur, og energienheden er restitueret.

Når en muskel har opbrugt sit lager af ATP fører det til udmattelse og den må tilføres energi i form af kemiske bindinger der kan restituere det brugte.

De første heterotrofe organismer levede af de organiske forbindelser, som den ultraviolette stråling spontant havde syntetiseret og dannet.

Da de heterotrofe cellers fødegrundlag blev reduceret på grund af større forbrug end den ultraviolette strålings produktion, samt en forøget formering og dermed en øget forbrugerflade, skiftede nogle af de heterotrofe celler karakter og blev i stedet til de autotrofe der lever af solenergi.

Ved deres fotosyntese frigjorde de ilt som så blev omdannet til ozon, og et ozonlag lagde sig beskyttende omkring troposfæren og skærmede imod den ultraviolette stråling.

Dette tilvejebragte de betingelser som muliggjorde evolutionen af mere komplekse organismer, i og med at deres udviklingsforløb ikke blev ødelagt af den før så kraftige stråling.

Evolutionen er som sagt pragmatisk indstillet, den søger hele tiden suboptimering i livsstrukturen i forhold til de gældende betingelser i omgivelserne, og dette medførte at de heterotrofe organismer nu ved iltforbrug kunne udnytte den bundne energi i kulhydratets struktur meget bedre end ved den tidligere gæring.

Det gav disse en fordel i deres livsopretholdelse i forhold til andre, og dermed overlevede de deres konkurrenter: det er det evolutionære princip i aktion.

Mutationer tilvejebringer forandringer i ontogenesen, der i visse tilfælde giver en artsfremmende fordel, og de organismer der inkorporerer disse forandringer overlever således de mindre effektive.

Ved formeringen opstår nye organismer som har modercellens egenskaber, hvilket fører til konkurrerende arter i stedet for enkeltstående organismer, og dermed er det de artsfremmende egenskaber der bliver videregivet, og kommer i fokus som primær funktion.

Ved de autotrofe organismer foranstalter de spontant opståede artsfremmende egenskaber en forandring i organismernes strukturering, ligeledes en tilsvarende forandring i miljøet, det er loven om aktion og reaktion der gør sig gældende, og den gensidige påvirkning ansporer den fortsatte evolution.

Derved kommer princippet om balance imellem det omgivende miljø og de interagerende organismer i fokus, som det afgørende for økosystemet som hierarkisk helhed, og på sin vis er økosystemet at ligne med en selvstændig organisme, i hvilken alle aktører blot repræsenterer en afgrænset enhed der udfører en specifik funktion.

I takt med at de mest konkurrencedygtige arter udvikles, bliver de overlevende individer mere og mere komplekse i deres organisering og struktur som følge af, at det er nødvendig for en art at være mere konkurrencedygtig for at overleve en anden. Ud af denne konflikt springer diversiteten i livet, og de som igennem symbiose er i stand til at opretholde en indbyrdes konkurrence i et økosystem der udrydder de svage elementer i artens genpulje har en fortsat evolution: de andre degenererer og uddør. Visse arter finder sig en niche og er mere bestandige end andre.

I naturen er det således ikke det at "det stærkeste individ overlever" der er det primære: det er derimod "den stærkeste ART overlever": det er altruisme, og det at det stærkeste individ sekundært overlever tjener ligeledes til den enkelte arts overlevelse, da dens overlevelseskapacitet repræsenterer en styrkelse af artens genpulje.

I naturen findes der således ikke nogen egentlig egoisme i betydningen individuel egoisme; kun slægtsegoismen gør sig gældende. Herudover er den enkelte arts individer aldeles selvopofrende; deres grundlæggende biologiske adfærdsmønster er altruisme: naturens lov er således kærlighedens lov.

Det er her vigtigt at holde sig for øje at naturens lov og "det naturlige" ikke har det fjerneste med den form for "naturlighed" som samfundsinstitutionerne prædiker. Denne er blot en efterrationalisering af samfundsstrukturens behov for adfærd, som så kaldes for "naturlig." Således sagde man i en overgang at det var "unaturligt" at børn var aggressive, at det måtte skyldes en social malfunktion eller anden defekt i miljø, et omsorgssvigt på et eller andet plan, på trods af at aggressiviteten er den enkeltstående karakteregenskab der mere end noget andet kendetegner et sundt individ indenfor enhver art. Faktum er, at mennesket ikke erobrede overherredømme på kloden i et ekstremt brutalt og fjendtligt miljø ved at være ydmyge pacifister, men tværtimod ved at være de mest aggressive og hensynsløse anarkister udadtil imod omgivelserne, og familiestrukturerne indbyrdes imellem ved knapt fødevaregrundlag, samt som udligning i genpuljens svage elementer.

Ligeledes er den naturlige seksualitet for det mandlige køn ikke karakteriseret ved høfligt fisseslikkeri, men voldtægt- frivilligt eller ej.

Dette er naturligvis alt alt ALT for naturligt til, at man kan anerkende det som naturligt, og følgelig tager man de behagelige skyklapper på og postulerer, at der for mennesket slet ikke er noget naturligt prædetermineret biologisk adfærdsmønster som der er ved alle andre dyr, men at vi blot er en "tabula rasa", et ubeskrevet blad hvis adfærd udelukkende præges igennem socialiseringsprocessen, eller hovedsageligt er en følge heraf.

Dette falder jo naturligvis lige i konformitetsmaskineriets smag, og SÅ har vi den sociologiske propaganda.

Læserne af denne bog formodes at være mere end tre år gamle, og følgelig selv have gennemskuet det absurde i deres sociologisk definerede naturlighedsetik og sundhedskriterium, og altså parat til at se det naturlige for hvad det er: naturligt. Ikke nødvendigvis civiliseret; men naturligt, sådan som naturen nu engang har defineret det naturlige, uanset hvad vi så ellers måtte mene om den sag ud fra et civilisatorisk perspektiv.

Biologien kan man ikke løbe om hjørner med.

Organisk strukturering af artsfremmende egenskaber blev altså nøglen til overlevelse og evolutionens princip, og de typer organismer der formåede dette samt at videregive struktureringens specifikationer til næste generation: var dem der overlevede.

DNA-molekylet udfylder rollen som biologisk arkitekt og byggeherre, og det er den der iværksætter og former de levende cellers strukturering i cellekolonier med højt specialiserede grupper af molekyler.

Gennem en cellemembran indtages næringsstoffer, og affaldsprodukter udskilles gennem midlertidig opbevaring i vakuoler og bearbejdning af lysosomerne.

Mitokondrierne er celleorganeller omgivet af en dobbeltmembran, og som er helt fundamentale for en celles iltningsprocesser der skaffer energi til samtlige de energikrævende processer. De er cellens kraftværk i hvilket der opbygges ATP og produceres energi.

I cellekernen findes DNA, der som tidligere beskrevet agerer en feudalherre der koordinerer funktionerne i cytoplasmaet gennem det endoplasmatiske retikulum med RNA som sin højre hånd og trofaste vasal.

Allerede her i cellen skal vi se en strukturering i primitiv udgave som den samlede organisme er en mere kompleks afspejling af, da nukleus med rette kan tolkes som cellens hjerne, RNA og endoplasmatisk retikulum som nervesystem og endokrint system, og selve cellememebranen, lysosomerne og vakuolerne som selve legemet.

Cellekolonier der koordineres og struktureres med hver deres specialiserede arbejdsopgave tager form: organer dannes.
Blodbane og lymfesystem fungerer som cirkulatorisk system og transporterer de stoffer som den enkelte celle har behov for, eller skal af med, åndedrættet skaffer ilt og udrenser kultveilte, fordøjelsessystemet tilvejebringer næringsstoffer, det ekskretoriske system udskiller affaldsstoffer.

Det endokrine system og nervesystemet kan med god ret ses under et, som den infrastruktur der kontrollerer ressourcer og tempererer alle kroppens processer, ud fra princippet om homøostase.

Alle funktioner har primært to ting til hensigt, faktisk er formålet med det hele disse to ting alene, nemlig: igennem et muskelsystem at aktivere den samlede organisme til ved handling at søge føde og forplante sig. Det er alt hvad vi er: æde+kneppe+handling der foranstalter dette, ALT andet er defineret og struktureret ud fra disse præmisser, det er grundlaget for hele eksistensen, for AL eksistensen. Det er hvad der menes med naturligt, men samtidigt også med "overnaturligt", da den mekanisme: driften, der ligger til grund for motiveringen til dette ligger udenfor dette kriterium for naturlighed og eksistens. Drift kommer før eksistens, og dermed er den "over"naturlig.

I homøostasen spiller infrastrukturen i form af både nervesystemet og det endokrine system en vital rolle, i og med at det er disse som motiverer den samlede organisme til at opfylde den enkelte celles behov, uden at kende til dens specifikke eksistens.

En forståelse af hvad denne motivation er, og hvorfor den for mennesket bevidstgøres må nødvendigvis ske på naturens præmisser.
For naturen er mennesket hverken mere eller mindre end en specialiseret cellekoloni, nøjagtigt ligesom alle andre strukturerede biologiske

organismer, og ligesom alle andre har vi det samme formål som er at holde legemets celler i live, med henblik på den overordnede målsætning om at opretholde artens eksistens; hvilket vil sige det helt karakteristiske mønster af strukturering af organiske molekyler som udgør den typologiske organisme Mennesket.

Æde, kneppe, og handling der foranstalter dette.

Alt er defineret, specificeret, specialiseret, ud fra artens overlevelse som mål, og dette gælder også den menneskelige bevidsthed og psyke. Det er KUN ud fra denne betragtning vi kan forstå vores NATUR, og dermed bliver dette også det teoretiske grundlag for enhver realistisk og pragmatisk psykologi. Alle systemer der er funderet på en anden præmis, er naivistiske abstraktioner, der med skyklapper forsøger at holde den blændende sandhed ude: at mennesket blot er et dyr blandt dyrene, en specialiseret organisme blandt specialiserede organismer, en cellekoloni blandt cellekolonier, en ædekneppehandlingsmaskine, blandt ædekneppehandlingsmaskinerne: en ART.

Psyken er således OGSÅ en artsfremmende mekanisme, funderet ud fra en artsfremmende referenceramme og præmisser, da den specialiserer adfærdsmønstre så de passer til organismens krav: den organiserer og koordinerer handling i hensigtsmæssige og formålsbestemte adfærdsformer, ud fra ædekneppekriteriet.

Det er disse præ-programmerede adfærdsmønstre som vores bevidsthed kan modificere eller hæmme.

Disse adfærdsmønstre er adskilt i to grundlæggende separate kategorier af specialisering ligesom cellekolonierne er det: i det Mandlige og det Kvindelige.

Dette kønsrollemønster er så markant specialiseret i forhold til alle arternes inddeling i cellekolonikategorisering som Mandlig eller Kvindelig, at et mandligt eller kvindeligt eksemplar af en art i sit grundlæggende kønsrolle og adfærdsmønster, vil have mere tilfælles med det tilsvarende køn indenfor en anden art, end det modsatte indenfor samme art.

Disse grundlæggende arveligt betingede adfærdsmønstre kommunikeres som refleksmæssige impulser der følelsesmæssigt modificeres og kommunikeres til organismen. Dermed er de principielt set irrationelt funderede; men hos Mennesket overlades disse yderligere til intellektuel fortolkning af en rationelt funderet storhjerne, og dermed viser den for mennesket grundlæggende eksistentialistiske problematik sig: vi er et dyr og alligevel ikke, det er en komplementær både-og-model, på samme måde som vi eksisterer i verden og "virkeligheden", samtidig med at vi ligger til grund for den igennem vores aktive iagttagelse og skabelse af den igennem perceptionens kategorisering.

Det er samtidig her sociologien møder sin største problemstilling: nemlig at den menneskelige adfærd og psykologiske konstitution ubetvivleligt er irrationelt betinget og arveligt prædetermineret til en uciviliseret naturtilstand: men forventes at passe ubetinget ind i et kulturmønster der er defineret ud fra rationelle overvejelser og bestemmelser. En hvilken som helt kultur er en model og teknik, der som alle andre har prognosticering og kontrol som formål; men Mennesket er fundamentalt set uforudsigeligt og ukontrollerbart i dens irrationelle driftskerne, samt følelsernes adfærdsmotiverende kommunikative aspekt af denne kernes behov.

Enhver kultur er derfor baseret på konflikten imellem den reelle menneskelige tendens til adfærd; og så det ideal og værdisystems referencerammer og præmisser, som man som absolut konstant har til hensigt at håndhæve totalitært.

Det afspejler således også en indre psykodynamisk konflikt imellem det følelsesmæssige og det intellektuelle; det irrationelle og det rationelle; imellem de biologisk determinerede adfærdsmønstre der formidles og motiveres til igennem det endokrine system og nervesystemets spontane følelsesreaktioner, og de intellektuelt determinerede hæmninger igennem abstrakte begrebsstrukturer: rationelt funderede tankesystemer.

Den menneskelige adfærd er dog primært kontrolleret af nervesystemet og det endokrine system, når man betragter adfærd i det brede perspektiv som grundlæggende fysiologisk handling.

Fødeindtag, fordøjelse, og at forrette sin nødtørft, er således også at karakterisere som adfærd; og ganske som de fleste andre grundlæggende adfærdsformer er den primært ubevidst funderet og automatisk konstitueret. Det er disse adfærdsmønstre som vores "jeg" så ivrigt modificerer til komplicerede vaner og ritualer i opfyldelsen af det behov som det udtrykker; og dermed er der reelt set kun minimal afgrænsning imellem kroppens spontane reaktioner og automatiske handlingsmønstre, og det som vi normalt betragter som vores egne, da både stimulering og hæmning af adfærd i sidste ende har et fysiologisk fundament af artsfremmende formålsbestemmelse.

Således kan man ved at hæmme de af socialiseringsprocessens tillærte hæmningsmekanismer stimulere adfærd, f, eks når man "giver slip" på alle ens moralske og etiske overvejelser og smasker ham den fulde værtshusbølle der overfalder en på åben gade, ned og ligge på langs, så han kan fucking lære det!

Hæmning og stimulering af adfærd foregår således også overvejende på et ubevidst plan. De fleste opfatter en handling som noget der bevidst iværksættes ved at hjernen dikterer muskelsystemet en specifik adfærd. Reelt set er der imidlertid snarere tale om autonome systemer der for størstedelen af tiden fungerer fuldstændigt ubevidst og automatisk i symbiose; hvis funktion modificeres af impulser der udspringer på det højeste ubevidste organisationsniveau, men som stimuleres af det underordnede systems omstændigheder og umiddelbare behov.

Cellestofskiftet indtager igen en central plads, i og med at mangelstilstande der konstateres her straks inddrager overordnede systemer, hvis formål netop er at skabe et behovsopfyldende miljø for cellekolonierne: dette er homøostasens funktion. Således vil konstateringen af et underskud af blodsukker udløse at fordøjelsen stimuleres ad hormonal vej, samt igangsætte adfærdsmønstre specifikt rettet imod tilvejebringelsen af fødeemner.

Hele igangsættelsen af denne proces foregår helt ubevidst og kun med "jeg"-bevidstheden som passiv tilskuer; kun hvis der under tilvejebringelsen af føde er brug for en modificering eller hæmning af handling for en mere gunstig adfærd, vurderet ud fra tidligere erfaringer der er prioriteret ud fra homøostasens kriterier, så aktiveres "jeg"-bevidsthedens valgadfærd, og ofte er dennes funktion, at prioritere hæmme og modificere refleksadfærd, ud fra en analyse af hvad der er optimalt set i et fremadrettet tidsperspektiv. Mennesket er som alt andet kun eksisterende i det evige øjeblik, i nuet; men vi har evnen til igennem selvrefleksion og forestillingsevne at skabe yderligere to tidsperspektiver: fortid/fremtid, og ud fra disse bevidst strukturere handling.

Den tilstand vi til daglig identificerer med vores bevidsthed er altså ikke en overordnet styreenhed for hoveddelen af vores adfærd, det er strengt taget blot at visse af disse automatiske processer bliver bevidste med henblik på modificering eller hæmning, specielt ud fra struktureringen af et gunstigt fremtidsperspektiv. Det er proaktiv adfærd som fundamental artsfremmende mekanisme.

Kroppens tilstand kommunikeres igennem feedback ved følelserne der så bevidstgøres intellektuelt.

På sin vis er det slet ikke bevidstheden der handler men i stedet kroppen; bevidstheden iagttager og efterrationaliserer blot automatisk for størstedelen af tiden. Aktiviteten af neurale fyringer i vores nervesystem fra de underordnede og grundlæggende systemer til de overordnede og mere komplekse vekselvirker, når vi modificerer kroppens automatiserede adfærd, til at tilpasse sig den givne situation vi befinder os i ud fra vores tidligere erfaring, og vi opfatter dette "bottom-up/top-down-system": som "vilje."

Denne modificering af adfærd foregår allerede på det basale refleksniveau, og bevidsthed, vilje, og "fornuft": er ikke andet end en BEVIDSTGØRELSE AF REFLEKSET, som repræsenterer en effektivisering, i og med at hæmning og modificering tillader os en fleksibilitet i adfærd, ikke mindst med henblik på klogt at operere ud fra det føromtalte tidsperspektiv.

Det er altså ikke vores "jeg" der sidder bag rattet og styrer den bil vi kalder legemet; vi er mere som kortlæseren på passagersædet der af og til konfereres når en bevidst analyseret reaktion er fordelagtig.

Normalt er chaufføren, kroppen selv; udmærket i stand til at finde rundt på livets homøostasevej.

Vi har det blot med at glemme at vi er passager og ikke chauffør; vi ser jo også verden fare forbi ud af ruden, og af og til adlyder køretøjet da også nogle ud af de utallige af henstillinger vi kommer med ud fra vores opfattelse af kortet, og følgelig identificerer vi os selv med køretøjet og chaufføren.

På trods af alle de til tider dumsmarte og bedrevidende bemærkninger om, hvad der er den "rigtige vej" er vi ikke blevet smidt ud af bilen endnu. Tværtimod belønnes vi med en lystfølelse som forstærkende motivation, hver gang bilen kører den rigtige vej, uanset om det så sker som følge af et af vores gode råd, eller chaufføren selv har valgt at køre den rigtige vej.

Det er derfor man bliver "høj" af at slå sin fjende ihjel, uanset alle ens rationelle konsternationer og naivistiske harcelleringer, for det at overleve en trussel, er en biologisk artsfremmende handling, som organismen ALTID med lyst og belønningssystemet vil søge at forstærke.

Således er det ud fra altruismen som det primære artsfremmende princip indbygget i mennesket at venlighed og imødekommenhed altid er den primære naturlige reaktion, og at konflikt søges undgået så længe det er muligt; men NÅR så den uafvendelige konflikt opstår, og vold eller drab effektueres, da er den efterfølgende lystfølelse ved sejr en lige så central mekanisme som altruismens.

Sådan ER det bare: mennesket fucking ELSKER at slå ihjel og udøve vold, og det er et velkendt biologisk faktum at det seksuelle og aggressive nervesystem er så intimt forbundet, at det med god ret kan hævdes at være EN helhedsorienteret struktur.

Her kan man ihukomme sig Daniel Defoe: „ Naturen har givet blodet dette lune; at alle mænd ville være tyranner hvis de kunne."

Det er altså netop kombinationen af umiddelbar automatisk chauffør, og tilbagetrukket passager med overblik over kortet, der har gjort mennesket til naturens mest virkningsfulde organisme.

Men hvad med køretøjet?

Nervesystemets primære funktion var som sagt at koordinere en motorisk reaktion der er passende i forhold til en given sensorisk stimulus, ud fra *ædekneppekriteriet.*

Den individuelle nervecelle i systemet som kaldes neuronen består af en cellekrop udstyret med en lang celleudløber kaldet axonen, som er nervecellens protoplasmaforlængelse som er i stand til at kanalisere de nerveimpulser der sendes fra en anden nervecelles dendrit eller cellekrop. Dendritterne afsender ikke information, men fungerer som modtager. Impulserne føres videre fra neuron til neuron, eller alternativt en modtagende muskel der så stimuleres.

Store mængder af cellekroppe samles i ganglier i rygmarven hos hvirveldyrene, og disse forgrener sig ud i dendritter der ender i særlige receptorer eller sanseceller; øverst samles de i det mest komplekse neurale nervesystem verden nogensinde har set: Hjernen.

De sensoriske eller afferente nervebaner transmitterer impulser der udløses ved påvirkningen af sansecellen til gangliet, i hvilke de efferente impulser kan udgå fra neuritter til muskler.

Denne grundlæggende forbindelse mellem sensoriske stimuli og motoriske reaktioner, som hovedsageligt formidles og organiseres af rygmarven og sekundært modificeres af rygmarven, udgør refleksbuen.

Nerveimpulser opstår ved at den elektrokemiske barriere der adskiller cellen fra det ydre miljø midlertidigt kollapser, så der opstår en spændingsudveksling, og det er denne forstyrrelse af ligevægten der formidles igennem nervebanerne.

Det er yin og yang og cyklus i aktion, på cellulært plan.

Der er dog en konstant spontan fyring af neuronerne uden nogen ydre påvirkning; blot er fyringen under specifik aktivitet forhøjet og frekvensen af fyringer er dermed øget: det er frekvensen i fyringerne der afgør aktiviteten. Således er det ikke den enkelte impuls der får neuronen til at fyre, det er en summering af impulser der er det afgørende, og denne summerings størrelse fortæller hvor kraftig påvirkningen er af receptorerne, ved for eksempel lysstyrke, trykfølsomhed, lydstyrke, osv.

En anden afgørende faktor for cellens reaktion på impulsen er dens tilstand i modtagelsesøjeblikket som bestemmes af tidligere, og/eller, simultant modtagne impulser.

Impulserne neuronerne imellem overføres ved synapser, der enten kan virke fremmende på cellens tilbøjelighed til at fyre, eller hæmmende så de nedsætter den.

Receptorernes følsomhed er så ekstrem at det teoretisk set er muligt at registrere en enkelt foton, et molekyle, eller en svingning. Den pågældende stimulering registreres, og ved nervebanerne og synapserne føres disse til rygmarven der igangsætter den komplekse perceptuelle fortolkningsproces, der så i sidste ende resulterer i en specifik motorisk reaktion.

Al perception har i sidste instans motorisk aktivitet som formål; og al perception dannes ud fra ædekneppekriteriet.

De enkelte celler reagerer under påvirkningen af stimulerende og hæmmende synapser fra det netværk det er tilkoblet, og det er i denne systematiske proces af association og fortolkning at adfærd dannes, at reflekset bevidstgøres: at verden og oplevelsen af den skabes.

Menneskets hjerne og rygmarv er intimt forbundet med sanseorganer og muskler, og infrastrukturen udgøres af det autonome nervesystem der inddeles i en sympatisk og parasympatisk del.

De sympatiske ganglier er i direkte forbindelse med rygmarven, hvor de parasympatiske i stedet er spredt omkring i legemet i forbindelse med organerne.

Nervesystemets sympatiske del repræsenterer således stimuleringen af den grundlæggende adfærd der tilpasser legemet til det ydre miljøs omstændigheder, det registrerer påvirkninger og sætter kroppen i det særlige beredskab til handling som er påkrævet. Nervesystemets parasympatiske del fungerer som en feed-back-mekanisme der tempererer virkningerne af det sympatiske, og efter det forøgede beredskab sørger det parasympatiske system for legemets tilbagevenden til den mest energibesparende tilstand i forhold til den nødvendige aktivitet.

Alle disse nervesystemets veje fører til Hjernen Rom, der er det menneskelige legemes, verdens, og virkelighedens centrum.

Hjernen er altså at betragte som det mest komplekse nervecenter i den biologiske organisme, og er simpelthen slutproduktet af en evolution med henblik på organisering og strukturering af organismen på den mest optimalt artsfremmende vis, specielt set ved de egenskaber der fremmer vækstbetingelserne igennem specifik adfærd.

Godt nok kan man konstatere, at det er i storhjernen at vi finder bevidstheden; det vi til daglig kalder for "mig", men må samtidig erkende at denne "mig" ikke er chaufføren der fører bilens adfærdsmønstre, men i stedet en passager der af og til bliver tildelt rollen som censor i de tilfælde, hvor det allerede determinerede biologiske adfærdsmønster ikke uden modificering vil føre bilen i den mest artsfremmende retning: passageren i bilen, kortlæseren, repræsenterer dermed evnen til selvbevidst at improvisere ved variation i miljøet, som handlingsmønsteret må tilpasse sig.

Hvor denne tilpasning er størst som følge af sociologiske krav, i de situationer hvor vi per automatik stopper op og tænker før vi handler, føler vi det automatiserede adfærdsmønsters motoriske impuls som en stærk trang i os til handling: dette er driften.

Når det kribler i fingrene for at stikke morakkeren en flad så han kan lære det; eller hende det totalt kneppelækre stykke sex på to ben et rap i røven, er det således en drift som hæmmes(eller ikke), og dermed manifesterer sig som en trang.(eller en skandale)

Det er således ren og skær naivistisk dogmatisme, at benægte at mennesket er i besiddelse af en særdeles veldefineret menneskelig natur, der er medfødt og biologisk prædetermineret.

Hjernen har gennemgået en evolutionær udvikling ligesom alt andet, hvilket betyder, at den er lagdelt i forskellige strukturer der er kommet til i takt med den fylogenetiske udvikling af nervecentres kompleksitet.

En grundlæggende inddeling af hjernen hos et hvirveldyr, kunne være den forlængede marv, thalamus med hypothalamus, lillehjernen og storhjernen.

I den forlængede marv er det vitale og refleksmæssige funktioner som hjerteslag og åndedræt der kontrolleres, ligesom det også er her, at den grundlæggende balancekontrol er centreret.

En helt central struktur for bevidsthedsniveauet er formatio reticularis som er lokaliseret i hjernestammen. Hjernen er altid elektrisk aktiveret, men i hvilken grad af bevidsthedsniveau som dette fører til determineres af de impulser som formatio reticularis afgiver. Om man er vågen eller sover, er en direkte følge af denne struktur og dens feedback-mekanisme der er forbundet med højere centre i hjernen, det er også her vores aktivt søgende opmærksomhed er lokaliseret, som opererer ud fra vores forestillingsbilleder, og søger bekræftelse for dette fokus eller vedtagne sæt præmisser.

Lillehjernen er stedet hvor muskelbevægelser koordineres til sofistikerede bevægelsesmønstre.

Hypothalamus regulerer hypofysens aktivitet og kontrollerer således hele organismens endokrinologi, ligesom det er her de mere psykologisk prægede mekanismer til opretholdelsen af homøostasen er lokaliseret. Drifter som sult og tørst, aggressivitet og frygt, søvn og seksualitet, er rodfæstet i denne hjernestruktur og dens tilstødende strukturer, og disses aktivitet modificeres ud fra smerte og lyst-kriteriet.

Storhjernen er den øverste lagdeling og er alle impulsers endestation. Det er her drifterne og de følelsesmæssige motiveringer til handling, samt andre hjernestrukturers fortolkning af sansestimuli associeres og tolkes endeligt til verdensmodellen. Det er ligeledes her vi lokaliserer vores mekanisme til hæmning og modificering af de automatiske adfærdsmønstre, der allerede er blevet sat impuls og refleksmæssigt i aktion på lavere niveau, af de sansede stimuli og spontan reaktion.

Det er her i hjernen bevidstheden har sit udspring, og det er med bevidstheden som udgangspunkt vi har undersøgt fysiologien i et helhedsperspektiv, for at finde ud af hvor hjernen har sin plads i denne og i evolutionen.

Storhjernen kan man karakterisere som et stort associationskompleks i hvilket rationaliteten har sit udspring, som repræsenteret ved de associative forbindelser der er stærkest, og endvidere de som ud fra fra vores tidligere erfaringer forekommer mest hensigtsmæssige, hvilket markeres med følelsesmæssig intensitet. Det er her hjernen korrelerer sansningerne, som så danner den model vi aktivt oplever med bevidstheden som "virkelighed."

Storhjernen befinder sig i en konstant vekselvirkning med hypothalamus og hele det kompleks man normalt refererer til som det limbiske system: det er nemlig her motivet til dannelsen af en verdensmodel udspringer.
Det er kilden, hvor storhjernen er overfladen af søen.
Drifterne udspringer fra denne struktur, såvel som følelserne der er deres kommunikative aspekt.
Septum varetager den seksuelle adfærd mens specielt angrebs og flugtreaktioner er lokaliseret i amygdala.
I hippocampus er lokaliseret en særdeles vigtig mekanisme: nemlig lyst og ulyst mekanismen.
Her klassificerer vores erfaringer med enten en lyst eller ulystværdi, alt efter om vores adfærd har virket fremmende eller destabiliserende på homøostasen, hvis ædekneppekriterium er cellekoloniernes velbehagelighed og reproduktion. Her udsættes markører for adfærd, som afgør hvad vi grundlæggende opfatter som fordelagtigt at bevæge sig hen imod og væk fra, for nydelse og smerte.

I storhjernen modificeres den adfærd som integreres i de lavere hjernecentre, og det er med udgangspunkt i lyst og ulystprincippet storhjernen varetager denne opgave, da disse er dens værdigrundlag.

Det er således altid en følelse af lyst eller ulyst der ligger til grund for hjernens modifikation af kroppens biologiske adfærdsmønstre.
Det er dermed de to primære fysiske faktorer drift og lyst der er det grundlæggende ophav til ALLE psykologiske mekanismer.

Driften vækker en trang til handling i os ud fra ædekneppekriteriet der formidles igennem følelsernes motivation, som vi så adlyder eller modstår;

forstået på den måde, at vi ud fra storhjernens selvbevidsthed modificerer det spontane adfærdsmønster der præsenteres for os. Dette vil altid afstedkomme en reaktion fra den ydre verden, da aktiveringen af et adfærdsmønster sker på baggrund af en given stimuli af en eller anden art. Ud fra det biologiske kriterium om artsfremmelse analyseres omgivelsernes reaktion, og resulterer i at erfaringen og hændelsen markeres med en lyst eller ulystfølelse som storhjernen nu kan reagere på. Ved opfattelsen af denne markering af lyst eller ulyst responderer storhjernen nu ved at modificere den modifikation, der tidligere resulterede i den handling den nu analyserer som en erfaring. Med andre ord er det her indlæringen af adfærd finder sted igennem vores driftsaktivering og lystmotivering; vi søger lykken og søger at undgå ulykken, og ingen adfærd er nogensinde motiveret af andet end lyst eller nødvendighed(smerte).

Groft forenklet kan man opsummere ved at sige, at det limbiske system er formidler og mellemled imellem hypothalamus og storhjerne, og primært dennes frontallap.

Hypothalamus leverer således motiv og budskab der forarbejdes i det limbiske system til et plot og en handling, som endelig i frontallappen gennemgår en stilistisk udformning som resulterer i det virkelighedens adfærdsskuespil og sansesceneri, som vi oplever til hverdag.

Det er således i de lavere hjernestrukturer at oprindelsen til de kræfter der skaber verden er lokaliseret: verden skabes som objekt for et begær, i og med at dens funktion er at opfylde behov, ud fra ædekneppekriteriet.

Det er således storhjernen der repræsenterer den måling eller "iagttagelse" der skaber den sansemæssige verdensmodel; det er her den mekanisme er lokaliseret som materialiserer verdensmodellen og lader den tage form i kraft af objekter og personligheder, med formål og egenskaber, i rummets tre dimensioner og tiden som den fjerde. Den femte dimension er selve konceptualiseringens, eller skabelsens af det fysiske stof, og på sin vis er den repræsenteret ved de lavere hjernecentres motiv til denne skabelse og materialisering i en verdensmodel, som får sin endelige udformning i storhjernens kognitive begrebsapparat: og ikke mindst ved dens sproglige begrebsliggørelse.

Vi er altså gået fra verdensskabelsens "hvordan" i fysikken, til biologien og okkultismens " hvem og hvorfor" og er nu nået til storhjernens "hvad, hvor, hvilke og hvornår", og spørgsmålene er naturligvis den lim og den association, resulterende i stigende kompleksitet, der til sidst munder ud i et specifikt defineret fænomen.

Storhjernen inddeles traditionelt i fire overordnede fysiske strukturer: frontallappen, isselappen, nakkelappen, og tindingelappen; som så atter inddeles i mindre områder alt efter deres specialiserede funktion. Det er dog vigtigt at holde sig for øje, at hjernen er en analytisk og tolkende mekanisme der INTEGRERER i en verdensmodel.

Frontallappen kan overordnet inddeles i et præfrontalt og et præmotorisk område, hvor det præmotoriske varetager den endelige koordinering af motoriske adfærdsmønstre inden de aktiveres og udføres.
Isselappen og frontallappen adskilles af centralfuren.

På hver side af centralfuren trækkes der et bånd der på frontalsiden har motorisk funktion og på isselappens side har en sensorisk. På disse centralfurens bånd er forskellige områder på legemet og deres integrerede funktion lokaliseret. Centralfurens bånd kan dermed siges at repræsentere en afspejling af legemet i et anatomisk atlas; det der kaldes den motoriske og sensoriske homunculus repræsentationskort.
Jo tættere ved det motoriske bånd på frontallappen; jo mere har funktionerne mekanisk karakter, ligesom de sensoriske funktioner bliver mere komplekse jo tættere man kommer på det sensoriske bånd beliggende på nakkelappen.

I det motoriske repræsentationskort udgår alle bevidste handlingsmønstre, og i det sensoriske koordineres sansningerne med legemet og omvendt.

Overordnet set kan man opsummere frontallappens funktionsområde som værende den bevidste handling. Impulserne fra hypothalamus og det limbiske system forplanter sig op til frontallappen som integrerer den bevidste handling ved modifikation og hæmning, og denne ordnede impuls´s specifikationer kanaliseres så gennem det motoriske bånd på centralfuren, for til sidst at blive sendt videre ud i legemet som en modifikation af dens autonome adfærdsmønster.

I det yderste af frontallappen hen imod panden ligger det præfrontale cortex, i hvilket personligheden og den kritiske og tolkende association finder sted, i forbindelse med handling og kompleks perception. Det er altså her enhver struktureret planlægning og organisation efter forudgående analyse finder sted, ligesom det fortrinsvis er her de limbiske impulser og motiverede adfærdsmønstre hæmmes, censureres, og modificeres.

I den venstre hjernehalvdel af frontallappen er den propositionelle tænkning primært lokaliseret som er tæt knyttet til handling, da det primært kan karakteriseres som kognitive modeller af ideer, begreber, ting, og situationer.

Tindingelappen indeholder det auditive område og er tæt knyttet til taleorganerne på det motoriske repræsentationskort på centralfurens bånd, som kaldes som Brocas område.

Wernickes område der er den sensoriske variant og dermed varetager forståelsen af både det talte og skrevne sprog, er lokaliseret på overgangen mellem tindingelap og nakkelap, såvel som isselap.

Helt central for hjernens funktion er føromtalte neuron.
Hver neuron indeholder en model eller kognitiv ide, som den ved sin aktivering lader indgå i hjernens helhedsorienterede fortolkning og skabelse af verdensmodellen.

Således er hjernen allerede fra fødslen af udstyret med de ideer som udgør vores sanseverden.

Neuronerne kan således siges at være byggeklodser af ideer af varierende kompleksitet.

En neuron varetager for eksempel ved stimulering oplevelsen af en firkantet struktur i verdensmodellen, en anden specifikke konturer.
Således bliver enhver oplevelse vi måtte have, enhver sansning, en perceptuel funktion af en associativ aktivering af et netværk af neuroner, og disses organisering i kognitive modeller og ideer.

En appelsin for eksempel består af ideen rund, orange, overflade, duft, smag, osv. og disse ideer er rodfæstet i enkelte neuroner og organiseret i komplekse neurale netværk, der aktiveres ved fortolkning af specifikke stimuli, og resulterer i oplevelsen af genstanden i vores verdensmodel.

Storhjernens kognitive skabelse af en verdensmodel kan således sammenlignes med et teaterstykke den opfører som sansemodel, som er baseret på ordbogsopslag i hjernens leksika af ideer. Det er disse ideer vi oplever når vi sanser; faktisk er det disse ideer og kategorier af biologisk kognitiv karakter der skaber verden, igennem den aktive kollabering af den potentielle bølgefunktion gennem iagttagelse, eller biologisk defineret: opmærksomhed, og specificeret: perception..

De mest grundlæggende af disse ideer er kategorier som tid, rum, substans, form, egenskab osv.

Enhver nyskabelse eller sansning af noget vi ikke kendte til tidligere, er ikke et "fotografi" af det oplevede der transmitteres til hjernen, det er en fortolkning af sansestimuli der aktiverer specifikke neuroners ideer, der ved deres indbyrdes relation skaber helhedsbilledet af oplevelsen.

De neurale strukturer er således organiseret i netværk og relationer, der ved stimulering af limbiske dynamikker og sansestimuli animeres og aktiveres, for så igennem frontallappen at bliver udstyret med sprogligt begreb og proposition som følge af det præfrontales associative organisering, strukturering, og censurering; som basalt set drives af limbiske impulser og hæmning ud fra erfaring, som igen i et videre perspektiv er en funktion af hypothalamus opretholdelse af det organiske stofs homøostase ud fra ædekneppekriteriet.

Da verden er en model der skabes af hjernen, og da hjernens funktion primært er homøostase som er en ligevægt imellem modsætninger, må verdensskabelsens fundamentale princip være en forstyrrelse i dette ligevægtsprincip, som så fører til eksistensen.

Det ses da også i alle religioners skabelsesberetninger, der netop på den ene eller anden måde har rod i at en ligevægt eller balance forstyrres, hvorved modsætningspar af dynamikker opstår som så brydes i et dynamisk kredsløb: en cyklus.

Modsætningsparrene af dynamikker er altså de limbisk funderede impulser, og den model i hvilken de brydes er hjernens kognitive apparat.

Alle former for religion og indsigt er således et udtryk for en så gnidningsfri forbindelse imellem de dynamiske og kognitive aspekter af hjernens verdensskabelse, således at åndens(dynamikkens) cyklus kan forløbe og udtrykke sig optimalt.

Det vi i storhjernen kender som begrebet bevidsthed, vores "jeg", har altså som eneste funktion at formidle en så effektiv og gunstig opfyldelse af de driftsmæssige behov som overhovedet muligt, ved at kunne modificere og hæmme de biologisk præeksisterende og determinerede adfærdsmønstre, hvilket vi så illustreret i hjernens spaltning i en chauffør

og en passager, hvor chaufføren er verdensskaberen, og passageren er
"mig."

Denne spaltning er en direkte konsekvens af den fundamentale
paradoksale konflikt ved vores eksistens, der består i at vi på en og samme
tid skaber verden og eksisterer i den. Enhver model må nødvendigvis være
funderet på diversitet og differentiering; noget vi så afspejlet i det
paradoksale og indbyrdes modstridende, men hver i sær lige valide
modsætningsforhold; de komplementære modeller der fungerer dynamisk.

Den fundamentale af disse komplementære størrelser er subjekt-objekt
forholdet der ligger til grund for verdensmodellen: iagttageren og den
iagttagede potentialitet, der i symbiose ved målingens (perceptionens
opmærksomhed) definering, derved aktualisering og skaber virkeligheden.

Denne iagttager spaltes da yderligere i den "underbevidste" aktive skaber
af verdensmodellen, og den oftest passive iagttager som den
personlighedskategori vi sædvanligvis opfatter som "mig."

Virkelighedens så tilsyneladende rigide og absolutte struktur kunne vi
konstatere som en konsekvens af, at verden ganske vist var en drøm vi
drømte: men en fælles drøm.

Objektivitet var således ikke noget absolut begreb rodfæstet i noget
fundamentalt "ydre", men en konstant hvis kriterium var konsensus, som
primært formidles igennem hjernens ensartethed i dynamiske og kognitive
aspekter, sekundært ved den individuelle personlighedskategori og de
sprogligt fælles og kommunikerbare begreber.

Det er dette sekundære aspekt; den sproglige og abstrakt-begrebslige
konsensus, der har gjort virkeligheden til en kognitiv spændetrøje for
Mennesket; og ikke den primære biologiske konsensus der udstyrer
mennesket med et kognitivt begrebsapparat der er et fleksibelt stykke
værktøj til en verdensskabelse, der opfylder alle vores behov.

Virkeligheden er således udelukkende et psykologisk fænomen, og den
moderne fysik fortalte os da også at det ikke er bevidsthed der kan
reduceres til materie, men tværtimod det direkte omvendte: at det er
materie der kan reduceres til bevidsthed.

Det tvinger os imidlertid til at erkende, at den verden vi oplever i alle
dens aspekter er mere eller mindre bevidst; at alt oplevet netop har
personlighed i eksistensen, fordi det er en potentialitet der aktualiseres
med et formål og et sæt egenskaber, og dermed altså en personlighed.

Det er denne opfattelse af virkeligheden som vi på den ene eller anden måde finder udtrykt i de modeller, som mennesket har brugt til at beskrive livet, verden og virkeligheden i, igennem årtusinder: mennesket som bevidst og rationelt tænkende væsen skaber verden og er dermed samtidig et centralt redskab for psykodynamiske kræfter, hvis motiv for eksistens i form af drift ligger forud for virkelighedens manifestation, hvilket således gør det til noget "overnaturligt."

Disse psykodynamiske kræfter der står bag verdensskabelsen er ydermere personlige og bevidste, for vi kan ved erkendelsen af den dualistiske fejlslutning ikke opretholde vrangforestillingen om en bevidst og personlig "mig", og en ubevidst og upersonlig verden/virkelighed.

Alting har et aspekt af bevidsthed og personlighed i en eller anden grad, på et eller andet niveau af virkeligheden. Og det kausale niveau er kun ET niveau, og IKKE det eneste.

Tidligere i historien og i andre kulturer har man kontakt til disse kræfter, og oplever dem direkte i og med at de bevidst erkendes; i vores moderne blanding af insekt og baviankultur fornægtes og fortrænges de, hvilket fører til at deres eksistens kun direkte opleves af os som kognitivt uerkendelige tilstande som drift eller trang, og som ved mindre hæmning men stadigvæk grundlæggende manglende anerkendelse manifesterer sig som skizofreni og vrangforestillinger med præg af forfølgelse eller ydre påvirkning. De er simpelthen resultatet af en dynamik der trænger sig på hos individet, men som vedkommende ikke kan opleve og forholde sig til direkte, i og med at den fornødne forståelse mangler, til at det kognitive apparat kan syntetisere en manifestation; og skulle det ske, så ydermere en manglende forståelse af denne manifestations formål og karakter som da oftest afstedkommer frygt og angstreaktion, eller på anden vis negativ reaktion.

Vores individuelle personlighed som vi til hverdag opfatter som "mig", er først og fremmest lokaliseret i det præfrontale cortex, da det er her alting associeres og tolkes til den kognitive virkelighed som vi oplever: vores personlighedskategori indbefattet.

Personlighed er altså en kategori som hjernen skaber med henblik på at strukturere virkelighedsmodellen ganske som tid, rum, substans, og så videre også er det; og det er disse kategoriseringer som opfattet ud fra subjektets oplevelse, perspektiv og iagttagelse, som vi nødvendigvis må definere som det egentlige bevidsthedsbegreb.

Hjernens subjekt-objekt-kategorisering sker altså gennem personlighedsbegrebet, hvor objekter opfattes som en del af en selv eller ikke, hvilket fører til deres adskillelse af ens personlighed i tid og rum.

Således er verdensmodellen en bevidsthed, i hvilket forskellige personligheder, dynamikker, brydes i en cyklus: og mennesket er blot et af disse væsner.

Et væsen repræsenterer således blot en manifesteret model af en dynamik på et eller andet plan eller niveau. Og her er det vigtigt at forstå, at det kausale plan og det fælles objektive niveau, kun er et ud af mange.

Et andet væsen som vi opfatter som et medmenneske, manifesterer sig for os som netop dette ved typografisk lighed; men hvad der er vigtigere, ved kommunikation igennem sproget.

Personlighedskategorien som vi sædvanligvis fortolker som den indre ”jeg” stemme, er naturligvis en håbløst forsimplet model af hvad et menneskes personlighed egentligt er.

”Jeg”-stemmen repræsenterer således i overvejende grad venstre hjernehalvdel og den propositionelle tænkning, men dette er for upræcis en definition.

Højre hjernehalvdel har mindst lige så meget at sige for det enkelte menneskes personlighed, og overses ofte fordi det integreres underordnet den venstre, da den højre af natur er nonverbal, og der i Menneskets indbyrdes relation er fokus på det kommunikative aspekt.

Faktisk kan hver eneste drift eller trang vi føler i løbet af en dag som netop repræsenterer en implicit dynamik, kategoriseres som en selvstændig personlighed. De af disse som vi erkender bevidst integreres så i vores personlighedskategori og opfattes som en del af vores egen identitet i mere eller mindre grad, hvor alle andre eksternaliseres og opfattes som ”ydre.”

Disse i personlighedskategorien integrerede dynamikker som i sig selv repræsenterer selvstændige personligheder, fungerer koordineret i fællesskab lidt efter det demokratiske princip. Hvor flere af disse er i stærk konflikt med hinanden har man den psykodynamiske indre konflikt, der fører til de ”psykiske sygdomme”, hvis spændingsopbyggelsen ikke har et konkret gavnligt formål.

Alle mennesker er således som udgangspunkt personlighedsspaltede i deres kerne, og det er samkoordineringen af disse multiple personligheder eller dynamikker, der udgør hvad vi opfatter som "mig", og denne koordinering og integrering af dynamik sker i det præfrontale cortex, der i denne forbindelse fungerer som en art censor på de limbiske dynamikker.

Det præfrontale cortex er altså en kompleks struktur der ikke alene definerer hvad der er "mig" og hvad der ikke er: det er også her konsensus er lokaliseret, altså vores kritiske sans.

Igennem hv-spørgsmålene og de korrelerende præfrontale opfattelser konstrueres oplevelsen af hvem vi er, i forhold til hvilket ideal og typografisk aspekt, hvordan verden og virkeligheden er konstrueret og fungerer, og med hvilket formål.

På sin vis repræsenterer det præfrontale cortex´s hjernestruktur samlet set den dynamik, der udgør både vores chauffør og passager i det tidligere eksempel: både den passive og den aktive iagttager, hvor det vi til hverdag opfatter som vores "jeg" udgør den passive, og underbevidstheden den aktive.

Spørgsmålet er nu om man kan vinde større gehør overfor den aktive chauffør, over hvor bilen skal køre hen; kan man lære bevidst at "skabe" virkelighed, som ligger udenfor den normale begrænsning som konsensus sætter for os?

Det kan man; og hele det forudgående har været- om ikke et nødvendigt, men så et supplerende og uddybende- teoretisk grundlag for den korrekte forståelse og dermed kompetente anvendelse af den praktiske metode: den konkrete procedure der vil resultere i OPLEVELSEN af dette.

OG LAD OS SÅ KOMME AFSTED!

Kapitel 3: *Tredje Rafaels Bog: Drømmedøren til selvskabt Virkelighedsoplevelse.*

Måderne og midlerne til at transcendere den virkelighed vi til daglig oplever igennem den præfrontale spændetrøje af konsensus, har op igennem tiderne været mange.

Psykoaktive stoffer er en yndet metode blandt indianere, alkohol som soma er blevet brugt i blandt andet romerske og i nyere tid satanistiske ritualer.

Søvndeprivation, faste, at danse sig til den transcenderende ekstase, ritualpræget sadomasochisme, "Sensory deprivation", at ophæve kognitive blokeringer ved at løse gåder og koaner der resulterer i direkte oplevelse af det paradoksales manifestation i oplevelse som svar: er alle mulige veje.

En ting er dog mere end noget andet en forudsætning: nemlig opløsningen af den præfrontale personligheds restriktioner for perception der bunder i den kausale viljeshandlings kriterium, og skift til den associative, så dens begrænsede opfattelse af parametrene for verdensmodellen udvides. Det er det, der er kernen i den selvløshed som mystikere og asketer har prædiket op igennem tiderne.

Denne tilstand implementeres særdeles effektivt ved sadomasochisme, såfremt denne er gennemført og ritualpræget: de oprindelige religiøse ritualer har således ofte denne karakter.

Jeg er ikke meget for "namedropping", men bliver alligevel nødt til at understrege at specielt bogen "Det overnaturlige" skrevet af profeten Erwin-Neutzky-Wulff, er aldeles uvurderlig hvis man har tænkt sig at rejse ned til underverdenen, åndeverden, dødsriget. Den procedure jeg skal beskrive som middel til at opnå transcendensen er væsensforskellig fra hans; men det ændrer ikke på det faktum, at han har skrevet den til dags dato bedste og mest udførlige rejseguide til destinationen i den moderne tidsalder.

At komme over på "den anden side", er for så vidt nemlig kun begyndelsen; det er en dør der åbnes til andre verdener, men hvad nu når man så befinder sig i det forjættede land: hvad gør man så?

Der er det så man med "Det overnaturlige" har en udførlig manual og rejseguide, et kort og en kulturguide over de anderledes skikke i det fremmede land, og endda en ganske udførlig rejseparlør.

Specielt med fokus på underverdenens beboere, leverer bogen "Væsner" skrevet af Mikkel Starup en god karakteristik. Begge disse er et udførligt studium værdigt, og hvis man sidder i spjældet, så har man jo for så vidt nok tid at give af, og udbyttet vil være uvurderligt/uundværligt.

(Og husk: Det vi kalder virkelighed, verden, jorden, er blot et noget større fængsel, når vi er strandet og ligger prustende som en hval.

Det er lidt som når man skal på rundrejse i Asien som "Backpacker", så køber man også lige et par Lonely-planet-bøger som guide, for at få konkret og brugbar insider-information.)

Det skal også nævnes, at der i begge bøger gives en udførlig instruktion i procedurer der ligeledes også vil føre til at en dør åbnes til en anden verden.

Men nok namedropping.

Den dør der leveres nøglerne til at åbne, med den beskrevne procedure i Psykopatens Bibel, og i dette uddrag derfra specifikt med fokus på den Subjektive Teleportationsteknik, det er:

Drømmedøren.

Både drøm og vågen virkelighed fungerer ud fra det samme grundlæggende princip: hjernen skaber en verdensmodel der er delt op i subjekt-objekt, og gennem kategorisering tager oplevelsen form.

En drøm er på ingen måde en "indre" oplevelse, dette er blot en efterrationalisering man kommer med EFTER man er vågnet op.

Der findes ingen "indre" oplevelser: enhver oplevelse er psykodynamik der projiceres ud i en verdensmodel og en bevidsthedsflades spændvidde, som derefter i højere eller lavere grad opleves bevidst.

Forskellen på den drømmendes virkelighed og den vågnes, er, at drømmene ikke tager form ud fra ydre stimuli og konsensus, men tværtimod fra "indre" stimuli i form af erfaringer og minder.

De to største forskelle på drømmens virkelighed og den vågne, er at drømmene udvikler sig efter det associative princip. De er således fundamentalt set akausale i deres strukturering, hvor den vågne virkelighed er en fælles drøm hvor kategorierne følgelig er mere "faste", og her er det princippet om kausalitet der gør sig gældende. (For det meste.)

I drømmene bliver eksistensen ved homøostase i dens mange udformninger hovedtema, som ens formål, personlige behov, konflikter, bekymringer, er i overvejende grundlaget for indholdets motivering, og handlingsforløbet udspilles efter princippet om association og forventning.

Det forholder sig således i og med at drømmene er konsolideringen af langtidshukommelsens nyttige erfaringer, og udrensningen af de overflødige.

Da det vi til daglig kalder for personlighedskategorien og den kritiske sans er ude af funktion i den normale drøm, og fordi frontallapperne og specielt det præfrontale cortex er deaktiveret, så vil drømmen udvikle sig meget spontant og impulsivt; den er således ustruktureret og associativt uhæmmet, og ens handlinger er automatiserede, spontane, og reaktionsprægede.

Da vi tidligere konkluderede i vores neuropsykologiske gennemgang, at personlighedskategorien og bevidstheden er tæt knyttet til den viljesbestemte handling og organisering, er fraværet af disse træk et generelt tegn på at man drømmer; hvilket i sig selv kan være værd at bemærke sig og være opmærksom på.

Generelt set kan man sige, at ethvert drømmetegn er et fænomen hvor en af de grundlæggende kategorier: tid, rum, substans, identitet, form, egenskab, handlingsforløb; fungerer efter et associativt princip i stedet for et kausalt: et brud på kausalitet er altså et fundamentalt tegn på at man drømmer.

Flyvende elefanter, mænd med tre øjne, døde personligheder, at man fra det ene øjeblik til det næste skifter omgivelser uden at tilbagelægge nogen afstand, at man ikke kan forklare hvad der er sket tidligere, at en genstand har en egenskab der ikke passer til dens karakteristisk, at substans forandrer sig pludseligt og spontant, specielt ved opmærksomhed imod denne og tankemæssig association: det er alt sammen tegn på at man drømmer, som man skal lære at være opmærksom på.

Drømmenes formål er som sagt primært at sortere dagens hændelser og erfaringer; at rense ud i det uvelkomne, og gemme det der har relevans for homøostasen og personlighedskategorien som erfaringer, der så associeres med en speciel modifikation i engrammer af de præeksisterende handlemønstre.

Således vil enhver erfaring i løbet af dagen på den ene eller anden måde få et udtryk i drømmene i tilknytning til et allerede præeksisterende associativt netværk af neuroner, og det er dette man gør brug af til at åbne drømmedøren; ved at gøre brug af konkrete associative teknikker der vil komme til udtryk i drømmen, og gøre en opmærksom på at man drømmer.

Eller sagt på en anden måde: man lærer at "tænde" for frontallappernes funktion imens man befinder sig i en subjektiv sansemodel, der udelukkende er konstrueret ud fra indre stimuli, hvilket vil sige at det kognitive begrebsapparat er frit for hæmninger: det gør oplevelsen af verdensmodellen til et redskab man kan benytte og kontrollere til at skabe virkelighed, i stedet for en spændetrøje baseret på konsensus.

Når frontallapperne på denne måde "tændes" inde i drømmen, så vil det vitterligt føles som om man "vågner op" inde i en drøm, som om ens personlighed pludseligt kommer til bevidsthed.
Man befinder sig så pludselig som ved Teleportation i en subjektiv verdensmodel.

I starten vil denne være meget omskiftelig, og desuden begrænset af drømmens dagsorden med hensyn til det materiale der skal overføres til langtidshukommelsen eller udrenses, men ved konsekvent træning og brug af konkrete teknikker, vil drømmen skifte karakter fra dette, til i stedet at være personlighedskategorien-DIG!- som direkte oplever den dynamik og de kognitive funktioner der skaber verdensmodellen.

Sagt på en anden måde: så befinder man sig da i sit eget associative cortex, og handling og personer er udtryk for psykodynamikker: de psykodynamikker vi benytter til vores skabelse af en kognitiv verdensmodel.

Selv om frontallapperne, og specielt det præfrontale cortex, er slukkede i den "normale" drøm, er oplevelsen af drømmen stadigvæk funderet på det grundlæggende princip om et oplevende subjekt og en omgivende sanseverden af objekter. Ens drømmejeg kan man altså kategorisere som en entitet der er en del af ens personlighedskategori, men som man ikke har bevidst kontrol over.

I drømmeverdenen har vi altså et legeme vi gør brug af til at opleve drømmenes verdensmodel, vi skal nu blot blive bevidste om når vi befinder os i dette legeme i drømmeverdenen, og yderligere få bevidst kontrol over det sådan som vi har til daglig når vi er vågne ved vores viljeshandlinger.

Da personligheden der er funderet i det præfrontale cortex er intimt forbundet med den aktive viljeshandling og dennes karakter ud fra overvejelser gjort i langtidshukommelsens erfaring, er det en sådan aktiv viljeshandling man søger at gennemføre i drømmen, da det dermed samtidigt aktiverer ens personlighedskategori.
Det er dette de følgende øvelser er konstrueret med henblik på.

Formålet er altså at "bygge bro" imellem drømmeverdenens virkelighed og den vågne, igennem associative teknikker og øvelser. Ved at integrere drømmelegemets oplevelser og den begrænsede del af vores personlighedskategori den besidder i vores vågne personlighedskategori, vil det igennem association, det vil sige hukommelsens neurale netværk, til sidst blive en fuldstændig afspejling af vores daglige bevidsthed.

Drømmeentiteten eller legemet vil blive vores spejlbillede, som vores personlighedskategori reflekteres i, og dermed har vi et "fartøj" vi kan benytte i drømmeverdenen. Samtidig vil den øgede symbiose med drømmejeget og dets oplevelser integrere de indre dynamikker bedre i vores personlighedskategori. Da al oplevelse er erfaring der danner neurale netværk i hjernen der er særdeles plastisk, vil drømmeoplevelser gøre det samme.

Trin 1- forberedelse.

Lære drømmeverdenen at kende …
Først og fremmest må man lære at huske sine drømme detaljeret.
Det gøres nemmest ved at have en blok papir eller en diktafon liggende ved ens seng så man er klar til at rapportere når man vågner. I starten vil det materiale man er i stand til at huske være yderst sparsomt og spredt, som følge af at langtidshukommelsen i den normale drøm i overvejende grad er ude af funktion. I takt med at man lærer at huske mere og mere detaljeret, vil man dog indrette sig på dette, og langtidshukommelsen vil blive stedse mere aktiv under nattens drømme så man vil huske mere af materialet. Grundlæggende skal man fokusere på at huske drømmens

handling, omgivelser, personer eller væsner, ens egne tanker og følelser i drømmen, samt alle de ting der er tegn på at man befinder sig i en drøm.

Herved bygger man i hukommelsen en bro imellem drømmeverdenens erfaringer og den vågne virkeligheds, og begge dele lagres i langtidshukommelsen.

Når man således vågner ligger man ganske stille i sengen og genkalder sig hvad man har drømt. En god teknik er at tage udgangspunkt i det første man husker af drømmen når man vågner, og så bevæge sig baglæns i drømmen som om man spolede baglæns i en film. Når man har gjort dette, og genkaldt og memoreret sig så mange detaljer som muligt, så skriver man det ned, eller hvis man ikke sidder i fængsel så alternativt taler det ind i diktafonen.

I starten indtil man færdes frit imellem drømmeverdenen og den vågne virkelighed hver nat, er det en god ide at holde en logbog, hvor man skriver sine drømme ned i detaljer med kommentarer og observationer over materialet.

Drømmelogbogen er helt essentiel, fordi den er en skriftlig overlevering der kan genlæses, og dermed være med til at stadfæste materiale i hukommelsen; og hukommelsen er afgørende for vores perception og personlighedskategori, dvs. hvordan vi oplever og tolker.

Jeg vil derfor anbefale en diktafon hvis det er muligt, samt en blok løs A4 papir til den umiddelbare notering, samt en spiralblok eller en A4-kinabog som man fører mere permanent og organiseret logbog i ud fra notaterne. På denne måde får man et "professionelt" udseende på ens logbog, og det vil være en betydelig motivationsfaktor for en. Se på den som din helt egen logbog, på samme måde som Kaptajn Kirks i serien Star Trek. Det er heri, at du som en eventyrer og opdagelsesrejsende noterer din færden og oplevelser og alt relevant fra "The final Frontier"- dit eget sind og virkelighedens ydergrænse, de planer hvor den bliver skabt og udspringer.

Trin 2 "Vækkeur" i drømmene og generering af psykodynamik.

Til konstruktion af vækkeuret skal man bruge en separat Notatbog i passende størrelse, eller eventuelt en spiralblok.

Vækkeuret.

Når man har opnået færdighed i at huske og genkalde sig sine drømme, er man parat til at gå videre til næste skridt.

Normalt "sover" man igennem de oplevelser man har i drømmene, på trods af at de har nøjagtig lige så reel sensorisk karakter som vores vågne virkelighed har. Dette sker fordi vores frontallapper, og især det præfrontale cortex, er deaktiveret i drømmen. Dermed er vores "jeg", den personlighedskategori hvis perception du sanser ud fra lige nu, slukket i drømmene.

Vækkeuret har altså til hensigt at reaktivere denne del af dine kognitive funktioner, på samme måde som det sker når du normalt vågner op om morgenen. Forskellen er, at vi her satser på at disse kognitive funktioner skal reaktiveres INDE i drømmenes sensoriske virkelighedsmodel.

Først skaber man sig et mentalt billede som skal symbolisere, at man har til hensigt at vågne op inden i sine drømme, ved at være opmærksom på at genkende at man drømmer.

Byg det op som en lille scene, og føl dig fri til at bruge ethvert symbol eller genstand, visuelt eller på anden vis sensorisk ud fra de fem sanser, der minder dig om din hensigt.

I dette mentale billede skal man yderligere inkorporere billedet af sig selv der ligger og sover, samt noget der symboliserer opmærksomhed imod ens hænder og den bevidste viljeshandling, samt den faste indgangsprocedures memokæde(memokædens konstruktion beskrives senere). Hvordan man udformer det præcis er underordnet; blot skal man skabe dette samlede billede, denne scene, ud fra nævnte forudsætninger, og gøre det så levende og detaljeret som muligt. Det skal i hele sit udtryk og form signalere ens fremtidige hensigt om at vågne op inden i sine drømme, og være bevidst om at man drømmer; samt at man i drømmenes verden vil være i stand til at foretage viljeshandlinger, huske præcis hvem man er, og huske at gennemgå indgangsprocedurens memokæde.

Det mentale billede er således et forenklet symbolsk udtryk for ens vågne personlighedskategori, og hvilken hensigt man har for fremtidige drømme.

Beskriv billedet i stikordsform eller så detaljeret som du føler for, og noter det ned. Lav eventuelt en tegning, blot skal man kunne genkalde og huske denne symbolske scene præcist og detaljeret for sit indre øje i fremtiden. Forsøg at inkorporere så mange af de fem sanser i dets opbyggelse. Gennemgå scenen og rør, føl, lugt, og hør til scenen i din fantasi.

Generere psykodynamik.

Den verden vi oplever, er som bekendt en selvkonstrueret sansemodel, da hjernen neurologisk set er et lukket kredsløb.

Derved bliver psykodynamik forudsætningen for enhver form for oplevelse, da oplevelsen for det første er en psykodynamisk konstruktion der munder ud i sanse/verdensmodellen, for det andet udgør psykodynamik samtidigt selve MOTIVET til at opbygge enhver verdensmodel.

Man kan godt naivistisk postulere at "drømme" ikke er "virkelige", fordi det er en subjektiv oplevelse, og der derfor ikke kan komme konsensus på den, hvilket betyder at den ikke er objektiv, og dermed per hverdagsdefinition ikke er "virkelig."
Det vi begge kan se er ud fra hverdagsfornuften klassificerer vi som "virkeligt."

Imidlertid har vi i stedet anlagt os et PRAGMATISK virkelighedsbegreb, der siger, at alt hvad der kan OPLEVES per definition må være virkeligt.

Det gør vi ud fra den betragtning, at ALT er psykologisk på et eller andet plan; for er det IKKE psykologisk, så kan det slet ikke opfattes, og dermed eksisterer det ikke for os.

Ved opbygningen af "vækkeuret" som scene, har vi skabt et sansebillede i vores fantasi, en konstruktion, der er funderet på psykodynamik. Denne eksisterer nu, i og med at vi kan opfatte den; men den eksisterer på et lavere aktualiseret plan- i vores fantasi og LANGTIDSHUKOMMELSE, og i og med at den gør det, er den samtidig en del af vores PERSONLIGHEDSKATEGORI.

Vækkeuret er ydermere en psykodynamisk konstruktion der er bygget op med et specifikt FORMÅL for øje, og ud fra dette udstyret med et specielt sæt EGENSKABER, og en speciel FORM.

Men det er dog stadigvæk et gammeldags vækkeur: det skal trækkes op. Forstået på den måde, at der skal genereres psykodynamik eller "energi" til denne konstruktion, så dens formål kan gennemføres.

Enhver psykodynamisk konstruktion er som tidligere beskrevet et netværk af neurale forbindelser, der ved sin aktivering manifesterer et helhedsbillede. Det er altså de neurale netværk og neuronerne der udgør vores psykodynamiske "form", hvor driftsimpulserne og følelserne er den "kraft", som tilsammen skaber verdensmodellen. Sådanne neurale netværk er associativt sammenkædet, og koblet til hjernens forskellige modaliteter i både højere og lavere hjernecentre, og deres manifestationsformer er lagret i hukommelsen som "skabeloner", der aktiveres og manifesterer sig ved stimulering.

Ved at knytte vores "vækkeur" sammen associativt med disse netværk vi regelmæssigt benytter til hverdag, vil vækkeuret automatisk blive aktiveret samtidigt med det neurale netværk; hvilket vil sige, at det enten på det bevidste, førbevidste, eller ubevidste plan, tilføres OPMÆRKSOMHED, den fundamentale betydning af den skabende måling eller iagttagelse, og dermed vil der genereres psykodynamik til "vækkeuret." Man kan sammenligne det lidt med, at man kobler sig på naboens elektriske system og stjæler strøm.

Næste skridt er derfor at man sætter sig ned med en blok papir og laver en tidslinje over ens liv. Man skal ransage sin hukommelse, og fra det tidligste minde man har og fremefter lave en overordnet tidslinje, hvorpå man hæfter alle de minder man husker mest detaljeret og klarest. Det kan både være specifikke oplevelser, eller blot steder man har opholdt sig meget i.

Man laver sig således en tidslinje over sit liv hvorpå man hæfter alle de klareste minder og lokaliteter man har i sin langtidshukommelse. Ud fra disse vælger man 30 af dem man føler har størst følelsesmæssig betydning, eller huskes klarest og mest detaljeret.

Herefter laver man en ordliste over de mest almindelige udtryk, ord og begreber, samt emner man normalt tænker over som opsummeres i et enkelt stikord, og skriver cirka 30 af disse ned på papiret.

Næste skridt er at udvælge 30 af de klareste og mest detaljerede af drømmene fra sin drømmelogbog over "normale" drømme, og bearbejder dem ved at gå dem igennem med sin vågne bevidsthed. Man visualiserer dem så klart og tydeligt for sit indre øje som muligt, alt imens man har fuld bevidsthed om at det er en drøm man oplever. I takt med at man gennemlever handlingen skal man være konstant opmærksom på de ting der indikerer at det er en drøm man befinder sig i, samt hele tiden være bevidst om at ALT: genstande, omgivelser, personer, og ikke mindst ens eget legeme: ER DRØM; og dette genfortæller man for sig selv med sin indre "jeg"- stemme under gennemgangen.

Efter at have gennemgået og genvisualiseret den pågældende drøm på denne måde, skal man beskrive den i en kort og præcis sætning som opsummerer den mest muligt. Derefter skal man i sin bevidsthed skabe en scene med dele af drømmens indhold, som er et udtryk for den sætning man har formuleret. Brug så mange af sanserne i kreeringen af dette fantasibillede. Brug eventuelt det klareste og mest detaljerede øjeblik og omgivelser fra drømmen, hvori de personer og genstande man husker klarest og mest detaljeret placeres.

Gennem association kobler/opbygger/kreerer man nu en samlet scene for sit indre øje, der består af henholdsvis en genvisualiseret drøm; et af minderne; et af stikordene fra sin liste; samt den faste symbolske scene for "vækkeuret" som man har konstrueret.

Man fletter det sammen associativt, og for sit indre øje "modellerer" eller opbygger man stille og roligt et komplet "maleri" med sin fantasi, i hvilket man gør brug af så mange af sine sanser. Start med at opbygge det visuelt, og skriv denne samlede associative konstruktion ned i notatbogen for "vækkeuret."

Gennemgå den så over flere omgange og fokuser på at aktivere de andre sanser i gennemgangen, som hørelse, smag, lugt og SPECIELT FØLESANS og RUMSANS. Gør de visuelle og sansemæssige aspekter så klare, tydelige, og tiltalende som muligt.

Stil dig selv det spørgsmål, hvad der kunne være den mest NYDELSESFULDE oplevelse du kunne have i dette sceneri, hvis du nu øjeblikkeligt teleporterede dertil. Refleksionen over dette vil ikke alene virke stærkt motiverende, men vil også neurologisk set skabe en FORVENTNING om fremtidig oplevelse, der vil blive forstærket af den følelsesmæssige intensitet.

Tilføj beskrivelsen af dette til notatbogen.

Sæt tid af til at lave 1 eller 2 af disse samlede associative konstruktioner hver dag, således at man indenfor en måned har konstrueret i alt 30. Repeter og aktiver disse associative konstruktioner løbende.

Og så har du dig det fedeste vækkeur du nogensinde kan få, for det vækker dig ikke om morgenen EFTER du er færdig med at drømme: men om natten MIDT i drømmene, i en parallel dimension.

Det der sker, er at man væver ens minder der allerede ER en fast del af ens langtidshukommelse sammen med vækkeuret, som repræsenterer ens formål og hensigt, nemlig: at vågne op i drømmen og reaktivere personlighedskategorien INDEN i drømmen, og dette knyttes samtidigt associativt til den genvisualiserede drøms scene og et ord eller begreb eller tankebillede man bruger ofte. Herved opnår man helt konkret en række ting med denne samlede mentale associative konstruktion, nemlig:

1. Dets neurale netværk aktiveres ofte, fordi det forgrener sig og dækker et vidt område, og samtidig er koblet til et begreb og et minde man ofte gør brug af.

2. Det samlede associative netværk lagres direkte i langtidshukommelsen med det samme, dvs. integreres i ens personlighedskategori og parametrene for ens perception, da det er koblet sammen med allerede eksisterende permanente hukommelsesspor.

3. Da ens langtidshukommelses neurale netværk konstant er i brug ved den fortolkning man foretager for at skabe ens verdensmodel og perceptionen af denne ved personlighedskategoriens opfattelse af hvem man er, vil den mentale tilkobling af ens "vækkeur" ved association fungere som pejlemærker der konstant genererer psykodynamik, som en art meget avancerede forestillingsbilleder med selvsuggestivt programmerende præg.

4. Da ens langtidshukommelse konstant i drømmene revideres og opdateres, vil tilkoblingen af "vækkeuret" og dannelsen af det nye associative netværk aktiveres under drømmen, og dermed også vækkeuret og dets formål under en eller anden form.

5. De begreber og kategorier man gør brug af og de erfaringer og holdninger man tolker verden ud fra, er alt sammen rodfæstet i langtidshukommelsen og det associative cortex som netværk, der aktiveres ved skabelsen af verdensmodellen. Når man drømmer renses der ikke alene ud i overflødigt materiale, men de kategorier der har været taget i brug i løbet af dagen for at organisere handling- samt alle det disse er associeret til-, vil samtidigt aktiveres for at forstærke og konsolidere det neurale netværk, og danne de nye netværk af associationer, hukommelsesspor, til de nye erfaringer der skal lagres i langtidshukommelsen.

Ved denne aktivering vil ens suggestion om ens hensigt samtidigt blive aktiveret, og alle de forgreninger af associationer man har knyttet til den. Hermed også de tidligere drømme som man har "genoplevet" ved visualisering, hvori man har haft bevidstheden om at man befandt sig i en drøm.

Dermed vil aktiveringen af denne suggestion igennem drømmenes aktivering af kategorier ved konsolidering af langtidshukommelsen gøre, at man vågner op inde i drømmen.

Ens præfrontale cortex og frontallapperne aktiveres, de "tændes" ved associationen.

Hermed "vågner" man op inde i drømmen ved at genkende at det er en drøm. Hvorefter man foretager ens faste indgangsprocedure, og gennemfører nattens mission.

Trin 3. Søgende opmærksomhed og fast indgangsprocedure.

Man skal opøve denne tilstand for at motivere en i ens forsæt, men også som en forberedelse til at være parat til at opleve den subjektive verdensmodel i drømmene. Man må forstå at opvågningen inden i en drøm kan ske hvornår det skal være, da oplevelsen altid foregår i nuet; man kan ikke på noget tidspunkt "gå ud fra" at man SELVFØLGELIG er vågen, og først SENERE drømmer; ALT kan være en drøm, og man kan reelt set ikke vide om det man oplever, er en drøm eller ej: før man har tjekket efter.

I løbet af dagen skal man altså forsøge hele tiden konstant at have en underliggende opmærksomhed i ens bevidsthed, som hele tiden er opmærksom på, at ALT hvad man oplever, er et dukketeater, en verdensmodel, som er et selvskabt neurologisk produkt da hjernen er et cirkulært lukket system. Denne verdensmodels rammer og kategorier(rum, tid, substans, form, osv.) kan være "faste", som i den vågne verdens virkelighed; eller "flydende" som i drømmeverdenens virkelighed.

Denne søgende opmærksomhed, skal være parat til at genkende ethvert tegn i ens omgivelser der kunne indikere, at man drømmer.

Det vil i starten kræve gentagne påmindelser og en del opmærksomhed; men som alt andet vil denne underliggende opmærksomhed hurtigt blive vane og ikke kræve de store anstrengelser.

På et tidspunkt VIL man opleve, at man pludselig opdager et sådant tegn, og indser at man IKKE er vågen som man troede og automatisk gik ud fra; men rent faktisk befinder sig i en parallel virkelighed, ens drømmeverden, som udelukkende er skabt af ens hukommelse og associative cortex.

Når dette sker skal man foretage en fast indgangsprocedure som har til hensigt effektivt at reaktivere ens personlighedskategori, overblik og orientering, kritiske sans, og viljeshandlinger-kort sagt ens frontallapper og specielt præfrontale cortex, imens man befinder sig inden i den subjektive sanse/verdensmodel-drømmen.

Fast indgangsprocedure.

Ved mistanke eller genkendelse af at man befinder sig i en drøm, skal man straks fokusere ens opmærksomhed imod ens hænder som man holder frem for sig, imens man gennemgår den faste indgangsprocedure; som er følgende memokæde som man skal have oprettet.

Hvis du efter at have gennemgået indgangsprocedurens første punkt finder ud af at du IKKE drømmer, så gå videre til punkt 14 og gennemfør dette i stedet som en øvelse i den vågne virkelighed.

Memokæde:

Gå en tur, eller genkald dig en tur du engang har gået fra din hukommelse. Inddel denne tur i en rute hvor der er 15 "stoppesteder" på 15 forskellige steder. På hvert af disse steder, skal du nu oprette et billede for dit indre øje der minder dig om den faste indgangsprocedures følgende punkter:

Fast indgangsprocedure.

1. Lav virkelighedskontrol ved at fjerne opmærksomhed fra hænderne som du fokuserer på under gennemgangen af indgangsproceduren, og så i

stedet fokusere på en genstand i dine omgivelser. Tænk intenst på at denne genstand skal forandre form eller bevæge sig ved telekinese, og gør den dette, da har du DEFINITIVT bekræftet at du befinder dig i en drøm, da dette er et brud på kausalitetens love. I den "vågne" virkelighed kan man ikke påvirke ting med tanker(for det meste), da den er kausalt funderet; men drømmene er funderet på det associative princip og kan derfor påvirkes med tanker, som jo netop er en mental association imellem objekter.

Ved bekræftelse af at man virkelig ER inde i en drøm, går man videre med indgangsprocedurens punkter.

2. Stille sig spørgsmålet: Hvem er jeg normalt?- Og genkalde sig dette fra sin hukommelse.

3. Stille sig spørgsmålet: Hvor er jeg normalt, i hvilke omgivelser?- Og genkalde sig dette fra sin hukommelse.

4. Stille sig spørgsmålet: Hvem ser jeg normalt?- Og genkalde sig dette fra sin hukommelse.

5. Stille sig spørgsmålet: Hvordan ser jeg normalt selv ud?- Og genkalde sig dette fra sin hukommelse.

6. Stille sig spørgsmålet: Hvad foretager jeg mig normalt til hverdag?- Og genkalde sig dette fra sin hukommelse.

7. Stille sig spørgsmålet: Hvad var datoen da jeg lagde mit til at sove, hvilken dag var det og hvad har jeg oplevet denne dag?- Og genkalde sig dette fra sin hukommelse.

8. Stille sig spørgsmålet:Hvad foretog jeg mig lige nu da jeg vågnede op i drømmen?- Tænk tilbage.

9. Stille sig spørgsmålet: Hvordan er jeg kommet hertil?- Tænkt tilbage.

10. Stille sig spørgsmålet: Hvad har jeg foretaget mig i drømmen indtil nu?- Tænk tilbage.

11. Stille sig spørgsmålet: Hvordan ser mit drømmelegeme ud?- undersøg dette, og vær opmærksom på at legemet er en drømmekonstruktion.

12. Stille sig selv spørgsmålet: Hvilke brud på naturlovene forekommer netop nu i mine omgivelser?- Undersøg omgivelserne.

13. Stille sig selv spørgsmålet: Hvilke usandsynlige forhold er der i mine omgivelser, i handling, personer, genstande. Undersøg dette.

14. Derefter den bevidste viljeshandling: man lukker hånden så den er knyttet, fokuserer på den, og så på et tidspunkt så giver man den bevidst besked om at åbne sig ved en viljeshandling, man siger med sin indre stemme NU; og åbner den så.

Når man har gjort dette lægger man mærke til sine hænder, hvordan de ser ud, hvilke linjer og mønstre og særlige kendetegn de har, som er unikke for en selv, eller hvori drømmelegemet afviger fra det normale i konstruktionen af hænder.

15. Vær opmærksom på at omgivelserne er skabt af ens associative cortex og er rent psykologiske konstruktioner, såvel som opmærksom på at personerne i omgivelserne er en del af en selv, at de ligeledes er rent psykologiske konstruktioner. Husk at disse er animeret af psykodynamik som er fælles biologiske kognitive processer og modaliteter for mennesket i dets konstruktion af verdensmodellen; de er altså på en gang personlige konstruktioner og upersonlige: de har et selvstændigt liv og personlighed, og bør behandles med respekt. Se dem for hvad de er og gå i dialog, og bed også om hjælp. De er yderst hjælpsomme, og elsker opmærksomhed og interaktion.

Efter indlæringen af memokæden og dens repetition et par gange, bliver det hurtigt ren rutine, og gennemgangen af punkt 1+14 i den vågen verden som øvelse i virkelighedskontrol skulle ikke tage mere end et lille minut, hvorimod gennemgangen af den fulde indgangsprocedure i selve drømmen med alle 15 punkter tager omkring 3-5 minutter.

Trin 3. Aftenfokusering.
Aftenøvelse.
Cirka en halv time før man lægger sig til at sove foretager man følgende øvelse der har til formål at bekræfte ens hensigt, og sætte en i den rigtige sindstilstand inden man skal sove, for at optimere ens muligheder for at få en drøm i hvilken man vågner op med ens fulde bevidsthed.

   Først krøller man et stykke papir sammen og smider det på gulvet foran sengen. Derefter tager man en blyant og en blok papir, og sætter blyanten cirka midt på papiret. Nu dækker man hånden til med et viskestykke, så man ikke kan se hvad det er man tegner. Med øjnene følger man nu konturerne på det sammenkrøllede papir, alt imens man simultant på papiret tegner denne efter. Man skal så vidt som muligt forsøge at lade hånden følge øjnenes tempo, nærmest som om de var synkroniserede, som om man direkte overfører enhver bevægelse man foretager med øjet til papiret.

Efter et stykke tid vil den verbale del af hjernen slå fra, og den nonverbale overtage. Denne er bedre til at danne sig et overblik og tænke i helheder, og denne er samtidigt bedre til at håndtere komplekse strukturer ved spontan indsigt i mønstre og strukturer.

Til hverdag når man registrerer en ting vil det oftest blot være et ordbogsopslag i det kognitive leksikon man oplever, hjernen vil oftest slet ikke ulejlige sig med at "tjekke efter", om det nu også forholder sig sådan. Det gør man ved at aktivere den nonverbale opmærksomhed der danner sig overblik over komplekse strukturer og tolker oplevelser i helheder.

Man vil opleve at farver og konturer såvel som former og sansninger bliver "klarere", mere levende, og dette er simpelthen en følge af at hjernen rent faktisk "tjekker efter", og fokuserer mere på fortolkningen af de faktiske stimuli, end repræsentationen af det neurologiske ordbogsopslag.

Herefter skifter man over til at konturtegne ens frie hånd, men uden at sætte ord og begreber på det man tegner.

Ved at aktivere denne tilstand lige før man lægger sig til at sove, vil man aktivere en mere fokuseret opmærksomhed imod det man rent faktisk oplever, såvel som generere psykodynamik til ens personlighedskategori og evne til viljeshandlinger, i og med at man fokuserer opmærksomhed på at konturtegne den frie hånd.

Ved at føre denne tilstand med sig over i drømmene, vil man have nemmere ved at registrere at de omgivelser man befinder sig i forandrer sig i strid med det kausale princip, simpelthen fordi man er opmærksom på det man rent faktisk oplever, og ikke kun det man antager at man oplever.

Fokuseringen på den frie hånd vil optimere muligheden for at frontallappen aktiveres i drømmen, og at viljeshandlinger er en mulighed, og dermed vil ens vågne personlighedskategori samtidig vågne op; da det er denne der kontrollerer viljeshandlinger, eller bevidst modificering af handling.

Ens personlighedskategori er netop intimt forbundet med den aktive og bevidste viljeshandling, og ved komplekse neurale netværk knyttet sammen med ens hænder: da det er med disse at vi primært behersker vores vågne verdensmodel igennem fysisk påvirkning.

Trin 4. Missioner.

Efter at man er begyndt at vågne op inden i den subjektive verdensmodel, gennemgår man følgende træningsprogram, for at opbygge ens evne til at beherske det kognitive begrebsapparats processer der skaber verdensmodellen. Man lærer at beherske de fundamentale kategorier som sansemodellen opbygges af.

Første niveau og missioner:
Når man begynder at vågne op i drømmene, efter at have gennemgået den faste indgangsprocedure, er første niveau som følger:
Observere drømmeverdenen og huske omgivelserne man vågnede op i, samt hvad det var der gjorde en opmærksom på at man drømte og ikke var vågen. Memorere omgivelserne i overordnede træk, personerne, samt handlingen, ved at genfortælle dette for sig selv med ens indre stemme indtil det ligger fast i ens hukommelse.

Imens man gør dette fokuserer man skiftevis på ens hænder og så omgivelserne som man memorerer. Læg mærke til hændernes fremtoning og udseende, og vær hele tiden bevidst om at det er dine drømmehænder, og at du befinder dig i en drømmeverden, og at ALT er drøm.

At fokusere på hænderne er den første kontrolteknik og færdighed du lærer. Hver gang du fokuserer din opmærksomhed på dine hænder i drømmen, vil du generere "kraft" eller psykodynamik til din personlighedskategori og din evne til viljeshandlinger i drømmen, og ydermere vil fokuseringen på hænderne fastholde dig i drømmen hvis du er ved at vågne op. Hver gang man føler at man mister "kontrollen" over sin drøm, eller føler at man er ved at vågne, skal man altså for fremtiden fokusere på sine hænder, indtil drømmen igen er stabiliseret.

Man fortsætter så i et stykke tid med denne cyklus: fokusere på omgivelser og memorere og genfortælle med indre stemme: fokusere på hænder for at bevare kontrol.

Efter et stykke tid-helst så længe som muligt- så lægger man sig ned på jorden i drømmeland og lukker øjnene og trækker sin opmærksomhed tilbage fra omgivelserne, så man i stedet vågner op i den "virkelige" verden, og ens normale omgivelser.

Når man vågner tilbage i den "normale" virkelighed, så gennemgår man indgangsprocedure og virkelighedskontrol en gang til, for at tjekke efter om man nu også virkelig ER vågnet op, eller om man blot TROR det. Når man virkelig ER vågnet op i ens vågne virkelighed så noterer man hele hændelsesforløbet ned, samt de omgivelser, personer, og hændelser man memorerede, og vigtigst: det der gjorde en opmærksom på at man drømte.

Gentag denne mission i hvert fald tre gange, og før resultatet ind i din drømmelogbog, før du går videre til næste niveaus missioner.

Andet niveau og missioner:

Efter fast indgangsprocedure bevæger man sig rundt i drømmeverdenen imens man observerer omgivelserne, personerne, og handlingen, uden at involvere sig alt for meget hvis man kan undgå det, og genfortæller denne for sig selv med sin indre stemme, samtidigt med at man med jævne mellemrum minder sig om at ALT er drøm. Forsøg at holde en distanceret men observerende attitude. Tænk over, hvad du ville gøre og opleve, hvis kun fantasien sætter grænser.(for sådan er det faktisk!)

Stop jævnligt op og opsummer hvad du har oplevet indtil videre for at repetere og forstærke hukommelsen af det oplevede til senere genkaldelse når du er vågnet.

Gør brug af fokusering på hænder når det er nødvendigt.
Når drømmen begynder at blive sløret eller flyder ud, eller når man føler sig træt, så bruger man teknikken til bevidst og kontrolleret opvågnen ved at lægge sig ned og vågne op, som lært i første niveau, hvorefter man genkalder sig det oplevede og fører det ind i drømmelogbogen.
Gennemfør denne mission mindst 3 gange før du går videre til næste niveau og missioner.

Tredje niveau og missioner:

Gennemfør fast indgangsprocedure.

Man bevæger sig rundt i drømmeverdenen og bliver mere bekendt med den.

Man bruger stadigvæk sin indre stemme til at genfortælle samt konstant minde sig selv om at ALT er en drøm: en selv, omgivelserne, personerne, handlingen, osv. Nu søger man hen imod en situation, hvor man under kontrollerede forhold kan være en del af handlingen der udspiller sig og deltage i denne, samt interagere med drømmekaraktererne. Situationen må ikke være så distraherende at man mister den konstante bevidsthed om hvem man er, og at man befinder sig i en drøm. Samtidig skal den være så nydelsesfuld som muligt, så den tjener som forstærkning af ens motivation til at opleve den bevidste drømmetilstand.

Forsøg at indgå i dette handlingsforløb så længe som muligt, og "spil med" på de muligheder der præsenteres for dig af din drømmeverden. Forsøg under deltagelsen i handlingen at have en "naturlig" og konstant underliggende fornemmelse og bevidsthed om at du drømmer, uden hele tiden at skulle bruge den indre stemme som påmindelse.

Brug bevidst opvågning når du ikke kan forlænge drømmen længere med håndkontrol og noter oplevelsen ned i drømmelogbogen.

Gennemfør missionen mindst tre gange før du går videre til næste niveau.

Fjerde niveau og missioner:

Gennemfør fast indgangsprocedure.

Observer og memorer som sædvanlig dit "indgangspunkt" i drømmen.

Når dette er gjort skal du sprede armene og snurre rundt som en snurretop indtil omgivelserne "flyder ud" for dit syn. Når det sker skal du stoppe igen, og lade omgivelserne få sin faste form tilbage. Observer nu de nye omgivelser der er dukket op, memorer dem, oplev hvad du vil og leg med den verdensskabende effekt som legetøj, og brug den bevidste opvågningsteknik, hvorefter du noterer hele hændelsesforløbet ned.

Gennemfør missionen mindst tre gange før du fortsætter til næste niveau.

Femte niveau og missioner:

Gennemfør fast indgangsprocedure:

Gennemfør snurreteknikken som på fjerde niveau, men samtidig med at du snurrer så skal du nu fokusere på et enkelt ord, som beskriver de omgivelser du ønsker, skal manifestere sig når du stopper og omgivelserne igen tager form. Ønsker du at de omgivelser der skal manifestere sig er romerriget, så gentag ordet "romerriget" med så meget følelse og intensitet som muligt imens du snurrer.

Når du stopper så observer omgivelserne, og se om du endte der hvor du ønskede, eller om der eventuelt er ting, personer, eller dele af omgivelserne som har manifesteret sig, som har relation til det ord du fokuserede på.

Det er en øvelse i at skabe/fremkalde "trylle" omgivelser og sceneri, ved at aktivere det associative neurale netværk som associeres med ordet. Leg igen med den verdensssskabende effekt som legetøj, og få en god nydelsesfuld oplevelse ud af det.

Hvis det overhovedet ikke lykkes første gang, så snur en gang til og observer igen. Brug teknik til bevidst opvågning, og noter alt ned i drømmelogbogen.

Gennemfør missionen mindst tre gange hvor du har haft succes med at skabe/fremkalde omgivelser der har relation til begrebet, før du fortsætter til næste niveau.

Sjette niveau og missioner:

Gennemfør fast indgangsprocedure.

Gennemfør snurreteknikken og fremkald så omgivelser ved associationsteknik.

Observer omgivelser og memorer.

Fremkald nu personer eller genstande i omgivelserne ved at tænke intenst på disse og nævne ord og begreber du umiddelbart associerer med det valgte. Imens du gør det så bevæg dig rundt i drømmelandskabet og led efter det du ønsker at fremkalde, indtil du finder det. Udforsk denne nye færdighed, brug den som dit legetøj, for at forstærke og betinge adfærden.

Brug teknik til bevidst opvågnen og noter ned i drømmelogbogen.

Gennemfør missionen mindst tre gange hvor det lykkes dig at fremkalde noget på denne måde, ved at skabe med dine ord og dit sinds tanker.

Syvende niveau og missioner:

Gennemfør fast indgangsprocedure.

Gennemfør snurreteknikken.

Find nu en genstand i omgivelserne som du fokuserer din opmærksomhed mod, imens du er fuldt ud bevidst om at den er en psykodynamisk konstruktion, og ikke har nogen absolut fysisk realitet, indtil din opmærksomhed gør den "flydende" for dit blik, og omform den så til noget andet ved at bruge associationsteknikken som på sjette niveau med fokusering på et ord.

"Tryl" for eksempel en sten om til en liter mælk, eller lignende.

Vær bevidst om at alt er drøm, og at det du oplever derfor er som modellervoks, som du kan omskabe efter behov. Udforsk og leg igen med denne færdighed, igennem nydelsesfulde oplevelser.

Gennemfør missionen mindst tre gange hvor du får en genstand til at "flyde ud" for derefter at omskabes.

Brug teknik til bevidst opvågnen og noter ned i drømmelogbogen.

Ottende niveau og missioner:

Gennemfør fast indgangsprocedure.

Gennemfør snurreteknikken.

Tag tilløb og sæt i løb, læg mærke til hvor ubesværet du løber, og at du kan løbe "overnaturligt" hurtigt; derefter hopper du og "basker" med armenes som et sæt vinger, og flyver.

Øv dig i at flyve, indtil du kan gøre det uden brug af arme, så du kan stoppe i luften, svæve, lande og lette ubesværet, og på denne måde udforske landskabet.

Gennemfør denne mission mindst tre gange, eller indtil du har en tilfredsstillende kompetence til at flyve, inden du går videre til næste niveau.

Brug teknik til bevidst opvågnen og noter ned i drømmelogbogen.

Niende niveau.

Gennemfør fast indgangsprocedure.

Gennemfør snurreteknikken.

Du er nu igennem "grundkurset" og er klar til for ALVOR at gå på eventyr i din subjektive virkelighed. Drømmene har nu skiftet karakter fra at være begrænset af langtidshukommelsens agenda, til i stedet at være et besøg i dit eget associative cortex: du befinder dig nu inde i det maskineri der til daglig skaber verdensmodellen og virkeligheden som den projicerer ud på den ydre verdens kanvas: her er der blot ingen ydre verden at projicere ud på, da du befinder dig i din subjektive virkelighed.

I og med at du har lært at beherske og organisere dine drømme, er omgivelser, personer, og genstande, også blevet mere "faste" over tid end de var i starten da du begyndte at vågne op i din egen subjektive virkelighed, som drømmen er.

Du har nu vækkeuret der lader dig vågne op inden i drømmen.
Du har den faste indgangsprocedure som færdighed til at "vågne" helt op inde i drømmen.
Du har teknikken til at bevidst vågne op, og vende tilbage til den vågne virkeligheds verden.
Du har fokuseringsteknikken på hænderne til at bevare kontrol og initiativ til viljeshandlinger, samt forlænge opholdet i drømmeverdenen.
Med snurreteknikken kan du fremkalde omgivelser og tidsaldre som du ønsker at opleve.
Med ordene som "trylleord" kan du skabe personer, omgivelser, og genstande, samt handlingsforløb som du ønsker, og du kan "omskabe" omgivelserne og iscenesætte virkeligheden som var den modellervoks: for det er det den er: modellervoks for din bevidsthed der oplever den, da ALT er psykodynamik, som ikke er underlagt nogen "ydre" fysisk restriktion.
Med evnen til at flyve har du mulighed for at bevæge dig hurtigt og kontrolleret rundt i disse omgivelser.

Din dagsbevidsthed og din drømmebevidsthed vil fra nu af smelte mere og mere sammen, indtil du føler at du går direkte fra en virkelighed til en anden når du går fra at være vågen til at lægge dig til at sove.

Det vil være som om du lukker øjnene i den vågne virkelighed, hvorefter en "dør"-drømmedøren, åbner sig for dig, og du krydser over i din subjektive virkelighed, "Teleporterer", og denne virkelighed er stort set din at gøre med som du ønsker. Nu vil det føles helt naturligt for dig at bevæge dig rundt i landskabet, og du vil ikke længere konstant behøves at minde dig selv om at du drømmer, og at alt er drøm: det vil være en underforstået del af din perception og oplevelse.

Tilbage står blot at udforske alle de eventyr som du ønsker at opleve: og kun fantasien sætter grænser …

Alle tidsaldre, omgivelser, genstande, personer, handlingsforløb, er nu dine at opleve: VERDENERNE ligger nu for dine fødder- bogstaveligt talt.

Du kan konstruere dine egne faste scenerier med tilhørende aktører, der udvikler sig som en episk saga hver nat. Når du konstruerer og modellerer forskellige verdener af oplevelser, er det en god ide at lave en skriftlig genpart i den vågne verden. Noter disse verdener du bygger op ind i din drømmelogbog, og kreerer så mange som du ønsker fast at frekventere.

Her er film en god inspirationskilde, da man kan bruge dem som tema, og ved at memorere og genskabe genstande, personer, handling fra filmene, kan man iscenesætte flere forskellige parallelle dimensioner med hvert sit spektrum af oplevelse.

For eksempel kan nævnes film som jeg personligt har fundet gode i deres temaer til inspiration til verdensskabelse: Alien, Predator, Gladiator, Starwars, Startrek, Stargate, Hitman, Scarface, Troy, Titanic, Young guns, Kingdom of Heaven, Beowulf, Ringenes herre, Dawn of the dead, The Bourne identity, James bond, Gangs of New Yourk, The Departed, Rob Roy, Ondskabens øjne, A knights tale, Alfie, The Day after tomorrow, City of God, Swordfish, Collateral Damage, 300, Robin Hood, Waterworld, Den sidste Mohikaner, Indianna Jones, Camelot, Transformers, Demolition man, Blade, Apocalypto,Con Air, Face off, Van Helsing, Superman, Spiderman, X-Men, Fantastic Four, King Kong, Casino, Goodfellas, Die hard, Romeo og Juliet, Spartacus, Ben Hur, The One, Romeo must Die, Menace to society, Natural born Killers, Braveheart, Ironman, Dracula, Broerne over Madison county, True romance(en favorit), Kiss of the dragon, Bloodsport, Dragon legenden Bruce Lee, Armageddon, En vampyrs bekendelser, John Constantine Hellblazer, Sjakalen, Heat, The Matrix, Saving private Ryan, Full metal Jacket, Mission impossible, Training day, Doom, Streetfighter, Time cop, Angel Eyes, Zorro, Batman, Fight club, den 13 kriger, Desperado, From dusk til dawn, 7 år i Tibet, diverse tv-serier, for slet ikke at tale om porno.

Det kan anbefales allerede nu som en motivationsfaktor at sætte sig ned, og skrive en udførlig liste over alle de ting man godt kunne tænke sig at OPLEVE, samt alle de film og bøger, samt andre medier, som kunne tjene til inspiration til det sceneri der er nødvendigt at konstruere for en sådan oplevelse.

Eller du kan åbne drømmedøren og se hvad der spontant byder sig til af eventyr til dig, som du uden videre kan spille med i.

Alt hvad du nu i din hverdag ser og oplever som du kunne tænke dig at fremkalde i din drømmeverden, skal du blot lægge intenst mærke til i detaljer, hvorefter det er en smal sag at fremkalde det i drømmen med ord-associationsteknikken.

Du er nu fri ...

Ikke blot fra fængslet med de fire vægge og tremmerne for vinduet(Hvis du altså sidder i fængsel, sådan som forfatteren gør): men for det store fængsel som 99,99 procent af verdens befolkning befinder sig håbløst indespærret i kaldet: "virkeligheden."

Fængsel er nu ikke længere en straf som sådan; men blot et behageligt ophold hvor du bliver serviceret med fornødenhederne til din livsopretholdelse, alt imens du udforsker virkeligheden og sindets struktur og mekanismer ved direkte OPLEVELSE hver nat, når du lægger dig til at sove.

Du går på eventyr, som andre kun kan "drømme" om- eller det kan de jo netop ikke, *for de har aldrig lært at Drømme rigtigt.*

En hvilket som helst film, et hvilket som helst playstationspil: det når ikke din subjektive virkelighed til sokkeholderne. Det er den ægte oplevelse, med alle fem sanser og din personlighed til at opleve det, i en selvkonstrueret verdensmodel der fuldt ud er så rig på oplevelse som din vågne verdensmodel er det, og mere til, da den subjektive ikke er begrænset af kausalitet, men kun af association.

Eller med andre ord: kan du tænke det, så kan du opleve det, for kun fantasien sætter grænser.

Med tid og træning vil du blive mere og mere kompetent og opnå færdigheder og evner, i beherskelsen af de fundamentale kognitive mekanismer som skaber virkelighedsoplevelsen i sanse/verdensmodellen, og det er en god ide specifikt og målrettet nu selv at fortsætte med at planlægge og gennemføre missioner struktureret omkring disse kategorier.

De verdensskabende kategorier som Drømmemesteren må lære at beherske er som følger:

1. **Årsagsforhold.** At kunne fremkalde og strukturere et hvilket som helst hændelsesforløb som man kan opleve, uden kausaliteten som hæmmende foranstaltning. At kunne beherske det associative princip lige så naturligt og ubesværet i drømmeverdenen, som man gør det kausale i den fælles virkelighed.

2. **Natur.** At kunne fremkalde og strukturere alle tings naturlige tilbøjelighed ud fra den model man ønsker. At være bevidst om at enhver manifestation af et objekt er formet ud fra dets egenskaber.

3. **Ting.** At kunne fremkalde og strukturere alle ting; og forståelsen af at der ikke fundamentalt set er nogen forskel på dig selv og denne ting: i er et. Den eksisterer i kraft af din opmærksomhed, og dens manifestation; det du oplever: er en projektion. Den er skabt af psykodynamik: din psykodynamik.

4. **Sted.** at kunne fremkalde og strukturere alle steder og lokaliteter som du ønsker det, og forståelsen af, at du ikke er bundet "fysisk" til noget specifikt sted, at din lokalitet er en synsvinkel ud fra hvilket du oplever, men i og med, at det du oplever, er en projektion, er du på sin vis alle steder på en gang: da du ER ALT på en gang. **Husk på at du ikke bevæger dig igennem tiden og rummet: tiden og rummet former sig omkring dig.** Du er fri til at indtage en hvilket som helst synsvinkel eller perspektiv og opleve ud fra denne.

5. **Tid.** Også tiden er en kategori som du vil lære at fremkalde og strukturere efter behov. Således vil tiden kunne forlænges i drømme til den helt stopper, og du befinder dig i et evigt øjeblik. Du vil kunne gennemleve hele livsforløb hvis du ønsker, sekund for sekund så længe det står på. Når du så vågner efter en nats drøm, hvor du har gennemlevet et helt livsforløb, vil der i den vågne verden kun være gået en nat. Det ændrer imidlertid ikke på din oplevelse af tiden imens du var i forløbet. Det er det der menes med at tiden er relativ: den er en psykologisk kategori der former sig ud fra dens observatør, og kan som sådanne læres at beherskes.

Minderne om det man har gennemlevet vil naturligvis være som i den vågne verden: man vil ikke kunne huske hvert sekund, men kun højde og lavpunkter af det oplevede, uanset længden af det oplevede tidsforløb man har gennemgået.

6. **Form.** Det er igen modellervoks-begrebet, at man kan fremkalde og strukturere omgivelsernes, personernes, ja endda en selv som man ønsker det. En forståelse af at formen er en direkte konsekvens af tingens egenskaber og formål: en refleksion af dette.

7. **Substans.** Hænger sammen med det sjette begreb form, at man kan fremkalde og strukturere ALT som man ønsker det; det er den bevidste og direkte oplevelse af, at virkelighed er skabt af Mennesket, at bevidsthed ikke er en funktion af substans, men at substans er en funktion af bevidsthed, og dermed er det den direkte religiøse OPLEVELSE, og ikke blot "tro." Det er denne OPLEVELSE af Mennesket som verdensskaber igennem kategorisering af det uaktualiserede potentielle, af Mennesket som Demiurg, der har været alle tiders profeter og mystikeres mål med religionen: det er mødet med Gud, repræsenteret ved alle hans "væsner" og Verdener, og det er realisationen af, at de er dig og du er dem. DU ER VERDEN- DIN VERDEN.

Disse væsner er de verdensskabende dynamikker, og de vil manifestere sig for en i drømmeverdenen som de altid har gjort, som nisser, alfer, og alle naturånderne, som satyrer og succubus, som Dæmoner og Guder.

Det er verdens iboende ånd man stifter bekendtskab med, dynamikkerne der ligger til grund for verdensskabelsens personligheder og de fænomener vi oplever.

Og disse er netop dette: uafhængige personligheder, så respekter dem som dette.

Dermed er dit eksil i fængsel og din afskærelse fra omverdenen nu gået fra forbandelse til velsignelse, og er blevet til din søgen efter APOTEOSE- som ER muligt, såfremt du ønsker det.

Din Celle er nu Diogenes tønde, er et Adytium: en klostercelle der er et springbræt til at udforske de andre Verdener og stifte bekendtskab med deres Væsner.

*I could be bounded in a nutshell and count
myself a King of infinite space, were it not that I
have bad Dreams.*
(Shakespeare.)

**<u>Dårlige drømme er dem i hvilke vi ikke er
bevidste om at vi drømmer: i dem hvor vi er,
er det Himmeriget som tages med storm.</u>**

"The voice of the Devil."

"All bibles or sacred codes have been the causes of the following Errors:

1. That man has two real existing principles Viz: a Body and a Soul.
2. That Energy calld Evil is alone from the Body and that Reason calld Good is alone from the Soul.
3. That God Will torment Man in Eternity for following his Energies.
But the following contraries in there are true:
1. Man has no Body distinct from his Soul for that calld Body is a portion of Soul discerned by the five Senses, the chief inlets of Soul in this age.
2. Energy is the only life and is from the Body and Reason is the bound or outward circumference of Energy.
3. Energy is Eternal Delight."

God Appears and God is Light
To those poor souls who dwell in night
But does a human form display
To those who dwell in realms of day.
(William Blake.)

Rafaels læsepensum/ litterære anerkendelser.

Erwin Neutzsky-Wulff: Det overnaturlige./Okkultisme./Magi./Rum./Hjernen./Gud./Verdens historie./2000./Verden./Døden./Ufo.
Behavioral neurology and neuropsychology./ Todd. E. Feinberg.
Ralph Waldo Emerson: Brahma.
H. Maturana, F. Varela: Kundskabens træ.
Keith Harary: Klare Drømme.
Poul. R. Scheele: Fotolæsning.
Stephen Laberge: Lucid Dreaming.
Fritz Wolder: Magtens manual.
Oddbjørn By: Memo: den nemme vej til bedre hukommelse.
Daniel Guerin: Anarkismen: dens teorier og dens Praksis.
Gyldendals store Verdenshistorie.
Anders Gade: Hjerneprocesser, kognition og neurovidenskab.
Mikkel Skarup: Væsner.
Bøgeskov. J: Hjernen: Fra neuron til bevidsthed.
John o´connor: NLP- en grundbog.
Eysenck,M W/Keane: Cognitive Psychology. A students Handbook.
Gardner. H: The minds new science. A history of the cognitive revolution.
Banich, M.T: Neuropsychology. The neural bases of mental functions.
Hobson. J.A.: Sleep.
Miller.G.A: The science of Words.
Spitzer, M: The Mind Within the net: models of learning, thinking, and acting.
Rolls, .T: The Brain and emotion.
Tim Ferris: 4 timers arbejdsuge.
David Bohm: Helhed og den indfoldede orden.
G. Bateson: ånd og natur.
Mushashi: de fem ringes bog.
Sun Tzu: Art of War.
Macchiavelli: Fyrsten.
Barbara Pease: Kropssprog.
Tracey Cox: Alt hvad den lækre tøs har skrevet af bøger.
Prigogine, I: Den nye pagt mellem mennesket og universet.
Wilber,K: Det holografiske verdensbillede.
Young, j, z: Philosophy and the brain.
Alle Desmond Morris bøger.
Berger,J, Ways of seeing.
Huxley,A: The Doors of perception/The art of Seeing.
Ponomarev,L: in Quest of the Quantum.
Samuels,M: Seeing with the minds eye.
White,E: The end of the empty organism: Neurobiology and the Science of human Action.
Helmuth Nyborg: Hormones, Sex and society: The science of physiology.
Gilgamesh epos.
John Milton: Paradise lost.
Stephen.K.Hayes: Ninja-1-6.
Ovid: ovids forvandlinger./ elskovskunsten.

W. Benjaminsen: historiefilosofiske teser.
Parmenides: Om naturen.
Platon: Staten.
Erwin Schrødinger: Meine Weltansicht.
Tor Nørretranders: Mærk verden/Det udelelige.
Niels Bohr: atomfysik og erkendelsesteori.
Københavnerfortolkningen af Kvanteteorien.
Nietzsche: således talte Zarathustra./ Afgudernes Ragnarok./antikrist/hinsides godt og ondt/moralens oprindelse.
W. Reich: Fascismens massepsykologi.
Victor.D.Hanson: the western way of war.
Fink,H: Menneske, samfund, natur, en indføring i filosofi.
Hobbes,T:Leviathan.
Rawls,J: En teori om retfærdighed.
Simo køppe: Virkelighedens niveauer.
Søren Kierkegaard: Enten eller.
Kant,I: Grundlæggelse af moralens metafysik.
Pihl og Sløk: De Europæiske ideers historie.
Carl Won Klausewitz: om krig 1+2+3.
Khsatriya.
Anton Szandor Lavey: Satans Bibel.
Hesiodos: værker og dage.
T. Fenchel: Det første liv.
Klinisk Psykiatri.(kan ikke huske forlag og forfattere, stor rød en med abstrakt maleri af siddende person på.)
"Hvad kan jeg blive?"- bøgerne.
Abrahamowitz, f: Fire personlighedsmodeller.
Eske Holm: Den maskuline mystik.
Alle Marvel-tegneserierne, og en del af DC-comics, som jeg har læst.
Per Brodal: Sentralnervesystemet.
William Shakespeare: Machbeth/Romeo and Juliet/Othello/Cæsar/Cleopatra/Hamlet/The Merchant of venice/ King Edward./ A midsummer nights Dream.
Ian Bendtsen: Cunnilingus.
Alfred North Whitehead: process and reality.
Christian kock: Skriv i alle genrer.
Howard Gardner: Changing minds: sådan påvirkes holdninger og meninger.
Max stirner: Den eneste ene og hans ejendom.
Max planck: A scientific Autobiography.
Nydahl, O: læren om sindets nature.
Lars Hem: Empiriproblemet 1+2.
Lewis Carroll: Alices adventures In Wonderland/Through the lookingglass./ Sylvie and Bruno.
Politikkens nudansk ordbog med etymologi.
J.Cramer: 699 varme termer. Leksikon til sprogkundskab.
Peter. K. A. Jensen: Mennesket oprindelse og udvikling.
Fourier,C: Stammefællesskabet.
Adorno, T: Kritiske modeller.
Tony Buzan: Brug hjernen bedre.
Johan Wolfgang Won Goethe: Faust.

Ole Strim: Kreativ problemløsning og praktisk ideudvikling.
Thomas Traherne: Wonder.
Stephen Hawkings: A brief history of time/ universet I en nøddeskal.
William Blake:The Marriage of Heaven and Hell/Auguries of Innocence/Songs of Experience.
Richard Lynn: Dysgenics: Genetic Deterioration in modern populations.

En tak til alle disse forfattere(samt naturligvis de utallige andre som ikke er blevet nævnt), der om nogen har været til inspiration under min afsoning, og hvis værker har gjort, at min tid i fængsel ikke har været spildt: men tværtimod er blevet brugt konstruktivt. Samt naturligvis til bibliotekar-Englen Inga.

Til min Mor og mine søskende: jeg har og vil altid elske jer. I gav mig mit hjerte, så hvem ville jeg være uden jer?
Men jeg kan kun være hvad jeg er; og gøre hvad der er nødvendigt.
Jeg ved, at i forstår og accepterer, for i elsker mig ubetinget som jeg jer.
Jeg ved i er hårdføre og har gåpåmod, og jeg håber alt er vel.

Michael min bror; stor taknemmelighed for din loyalitet og opbakning igennem alle disse år, en Mand af Ære: Enough Said.

En tak til de mennesker i systemet som har støttet op omkring min ambition om at skrive, også selvom de ikke altid er blevet lige populære på det, og har været parat til at tage de initiativer der skulle til, for at det kunne lykkes ubesværet, i stedet for "op ad bakke." Tak til de mennesker som i min hverdag møder mig med smil, velvilje, og imødekommenhed. Det GØR en forskel!

En tak til Lisbeth Jensen fra BOD for hendes hjælp i forbindelse med udgivelsen af mine bøger.

PERSONLIGE NOTATER:

PERSONLIGE NOTATER: